国宏智库丛书（2020）

我国竞争政策实施的思路与路径研究

刘志成　等著

中国计划出版社
北　京

图书在版编目（C I P）数据

我国竞争政策实施的思路与路径研究 / 刘志成等著
. -- 北京 : 中国计划出版社, 2020.11
（国宏智库丛书. 2020）
ISBN 978-7-5182-0976-7

Ⅰ. ①我… Ⅱ. ①刘… Ⅲ. ①中国经济－经济政策－
研究 Ⅳ. ①F120

中国版本图书馆CIP数据核字(2020)第014197号

国宏智库丛书（2020）
我国竞争政策实施的思路与路径研究
WOGUO JINGZHENG ZHENGCE SHISHI DE SILU YU LUJING YANJIU
刘志成　等著

中国计划出版社出版
网址：www.jhpress.com
地址：北京市西城区木樨地北里甲 11 号国宏大厦 C 座 3 层
邮政编码：100038　电话：（010）63906433（发行部）
新华书店经销
北京虎彩文化传播有限公司印刷

787mm×1092mm　1/16　13.25 印张　177 千字
2020 年 11 月第 1 版　2020 年 11 月第 1 次印刷

ISBN 978-7-5182-0976-7
定价：60.00 元

总　序

自 1999 年以来，我院每年都从课题研究中，选出一些社会各界较为关注的优秀成果，结集为《中国宏观经济丛书》和《中国经济学术基金丛书》公开出版。自 2015 年入选首批国家高端智库试点单位以来，我院进一步加强智库建设，连续几年在全国智库排名中位居前列。为进一步加大对优秀研究成果的宣传力度，持续扩大我院的学术影响力、决策影响力、社会影响力和国际影响力，我们进一步整合院内优秀研究成果，将原有丛书合并为《国宏智库丛书》品牌，以更有效地加强与同行的学术交流，更好地为经济管理部门、科研机构和社会各界提供服务。

《国宏智库丛书》（2020）是中国宏观经济研究院优秀课题研究成果的集合，包括有效市场与有为政府、中央与地方财政事权和支出责任、价格规制体系、竞争政策等领域内容。

由于水平所限，丛书内容难免有不足之处。诚恳期待社会各界进行批评指正，以帮助我们不断提高研究水平和丛书质量。

中国宏观经济研究院

2020 年 3 月

前 言

竞争是市场有效配置资源的重要手段。市场经济正是通过竞争实现优胜劣汰，推动企业降低生产成本、提高产品和服务质量、改善经营管理、不断开发和利用新技术、创造新产品和新模式，进而达到提升资源配置效率、丰富消费者选择、改进社会福利的效果。遗憾的是，市场失灵是市场经济的痼疾，公平公正、充分有效的市场竞争并不是在任何时候都能自动实现，完善的竞争机制、规范的竞争秩序需要竞争相关的法律、制度和政策来维护。因此，主要市场经济国家都制定了较为完善的竞争政策来促进公平竞争，为有效发挥市场的资源配置功能提供保障。经过多年努力，我国的竞争政策框架业已基本确立。

当前，我国正处于加快完善社会主义市场经济体制的关键时期，进一步健全竞争政策实施机制，促进公平竞争，有效推动企业优胜劣汰、激发市场主体活力，已经成为社会各界共识。2015 年，《中共中央 国务院关于推进价格机制改革的若干意见》首次提出“逐步确立竞争政策的基础性地位”，明确了竞争政策的定位，也为竞争政策在经济工作中发挥更重要作用奠定了基础。作为政府经济政策的重要组成部分，竞争政策逐渐成为发挥市场决定性作用和更好发挥政府作用的黄金结合点。越来越多的人认识到，确立竞争政策基础地位是实现经济高质量发展的客观要求，是处理好政府与市场关系的重要保障。从市场有效发挥作用的前提来看，只有市场主体之间充分竞争，产品质量好、生产成本低、经营能力强的企业才能在市场竞争中脱颖而出，获得更高回报，从而吸引更多要素投入。确立竞争政策基础地位，有利于充分发挥市场的价格发现功能，通过“无形之手”实现资源优化配置。从政府政策制定看，提高经济政策科学性，减少政策负面影响是更好发挥政府作用的重要方面。严格限制各项政策可能产生的反竞争影响，禁止具有排除、限制竞争效果的政策出台，可以有效减少公共决策中的寻租行为，避免公共资源无效使用，防止地方政府恶性竞争。确立竞争政策基础地位，有利于减少产业政策及其他经济政策的扭曲效应，避免“有形之手”导致的资源错配。因此，进一步提升对竞争政策的规律性认识，着力构建完善的竞争政策实施框架，优化竞争政策实施机制已经成为建设现代市场体系的一项重要工作。

本书是作者主持国家发展和改革委员会宏观经济研究院2017年度重点课题的研究成果。研究期间，课题成果以内部报告的形式，多次报中央财经委员会办公室、国家发展和改革委员会领导和相关业务司局参考，课题组成员也多次参与有关部门组织的专家研究会，还直接参与了部分文件的前期研究和起草工作。此后一段时期，竞争政策得到了越来越多的重视，在党中央、国务院文件中有了越来越多的部署。党的十九大报告明确提出，要“清理废除妨碍统一市场和公平竞争的各种规定和做法”，“打破行政性垄断，防止市场垄断”。党的十九届四中全会通过的《中共中央关于坚持和完善中国特色社会主义制度 推进国家治理体系和治理能力现代化若干重大问题的决定》进一步把公平竞争上升到制度层面，提出要“完善公平竞争制度”。2020年，《中共中央 国务院关于新时代加快完善社会主义市场经济体制的意见》明确把公平竞争制度纳入市场经济基础性制度的范畴，要求“完善竞争政策框架，建立健全竞争政策实施机制，强化竞争政策基础地位”。

本课题研究在研究重点、研究方法和核心观点方面有以下特点，首先，本书不拘泥于竞争政策的法理或经济学原理分析，而是进一步从政府经济政策体系的角度，全面解析了竞争政策的目标、定位、制度与法律基础、机构设置、实施工具以及竞争政策与其他政策的关系，为我国现有政策框架下应如何认识竞争政策提供了一个重要视角。其次，本书注重解决我国竞争政策实施中面临的各种现实难题。作者结合我国经济的转轨特征、发展阶段和发展环境，剖析了当前推进确立竞争政策基础地位面临的主要困难，并提出了突破相关障碍的政策建议。最后，本书是国内较早对竞争政策基础地位的内涵进行系统阐述，全面提出确立竞争政策基础地位时间表和路线图的研究成果。作者提出构建“一个体系、三大建设、三项任务和五大保障”的竞争政策实施框架，为我国全面推进竞争政策提供了重要参考。

本书主要执笔人为刘志成和曾铮，刘志成负责全书的思路拟定、框架设计和全文修订，具体各章执笔人分别是：第一章，刘志成、曾铮；第二章，刘志成；第三章，刘志成、周适；第四章，郭丽岩；第五章、第六章，王丹；第七章，刘志成、曾铮、王丹；第八章，刘志成、王丹、刘泉红。

在研究过程中，国家发展改革委市场与价格研究所臧跃茹所长、刘泉红副所长给予了悉心指导，课题还得到了中央财经委员会办公室，国家发展改革委体制改革综合司、原价格监督检查与反垄断局、宏观经济研究院，国务院反垄断委员会专家咨询组相关领导、专家、学者的指导和帮助，在此表示衷心感谢。

由于研究时间有限，加之作者能力局限，本书对竞争政策的认识仍存在诸多有待深化之处。随着新一轮国务院机构改革完成，国内外公平竞争格局也处于不断调整之中，我国竞争政策实施的内外部环境都在发生变化。竞争政策相关研究需要与时俱进，以期为新时代竞争政策的制定和实施提供更多决策支撑。

作者

2020 年 6 月

目 录

总 论 篇

第一章 我国竞争政策实施的思路与路径研究 / 3

一、我国竞争政策及其基础地位的内涵与工具 / 5

二、我国竞争政策的实施要符合发展阶段和国情特征 / 12

三、我国竞争政策的目标体系和实施框架 / 17

四、我国经济政策排除与限制竞争的表现及危害 / 27

五、我国推进竞争政策实施的制度障碍 / 36

六、我国竞争政策实施的总体思路及具体路径 / 40

专 题 篇

第二章 以竞争政策推动供给侧结构性改革研究 / 59

一、竞争不足是供给侧结构性改革面临的重大难题 / 60

二、当前经济领域主要问题是竞争不充分的直接反映 / 63

三、竞争政策可以有效促进供给侧结构性改革 / 66

四、全面落实竞争政策促进供给侧结构性改革的建议 / 71

第三章　经济政策排除和限制竞争的表现、危害及对策研究 / 75

一、当前我国促进经济社会发展的政策体系 / 76

二、经济政策排除和限制竞争的主要表现 / 87

三、经济政策排除和限制竞争的主要危害 / 93

四、确立竞争政策基础地位，促进市场公平竞争 / 96

第四章　竞争政策与规制政策相互协调问题研究 / 101

一、竞争政策与规制政策相互协调的意义和必要性 / 101

二、竞争政策与规制政策需要协调的重点选择及原因 / 106

三、竞争与规制政策体系相互协调的四大难点 / 109

四、促进竞争政策与规制政策相互协调的思路和对策建议 / 112

第五章　加快确立竞争政策基础地位的国际经验及启示 / 118

一、国外竞争政策基础地位确立的做法与经验 / 119

二、我国与国外竞争政策基础地位确立背景比较 / 127

三、国外经验对我国竞争政策基础地位确立的启示 / 129

第六章　我国竞争政策实施中存在的主要障碍及对策 / 134

一、我国竞争政策实施中存在的问题 / 134

二、扫除竞争政策实施障碍的政策建议 / 138

第七章　竞争政策基础地位相关问题的观点综述 / 144

一、竞争政策基础地位的理论界定 / 145

二、竞争政策实施的主要经济与福利效应 / 149

三、竞争政策与产业政策的关系与协调 / 154

四、我国竞争政策实施的问题与障碍 / 159

五、确立竞争政策基础地位的举措 / 163

调 研 篇

第八章　关于清理整顿“新居配”政策执法案例的调查报告 / 175

一、调查背景 / 176

二、“新居配”政策排除和限制竞争的典型做法与危害 / 181

三、清理整顿“新居配”的积极影响 / 185

四、清理“新居配”的政策模型测算和影响评估 / 188

五、启示与建议 / 195

总 论 篇

第一章
我国竞争政策实施的思路与路径研究

内容提要：反垄断法有“经济宪法”之称，竞争政策是围绕反垄断法制定的一系列政策措施和工具，其基础地位主要表现为竞争法律的上位性、政策执行机构的独立性和权威性以及政策工具的优先性。从国情出发，我国竞争政策涵盖内容与实施工具应该包括常规性反垄断、防止和打破行政垄断、反国有企业垄断以及竞争倡导等。鉴于我国正处于转型加转轨的发展阶段，法治正处于不断完善的过程中，而社会主义市场经济体制是我国的基本经济制度，因此我国竞争政策应遵循多元化目标模式，实施框架也应该契合发展阶段、经济传统以及市场机制的特征，从常规性反垄断、反国有企业垄断和反行政垄断着手实施，并推进竞争政策与规制政策协调和促进竞争倡导。当前，我国行政主体和决策部门排除和限制竞争的政策措施仍然存在，维护公平竞争的法治环境尚不完善，体制性障碍依然突出，社会信用体系还不健全，统一健全的市场监管体系尚未形成，成为竞争政策顺利实施的最大阻碍。为完善我国竞争政策框架以及推动政策全面落实和有效实施，应紧紧围绕使市场在资源配置中起决定性作用和更好发挥政府作用深化经济体制改革，确立竞争政策基础地位，明确竞争优先目标，完善竞争法律制度，健全竞争政策体系，预防和制止垄断行为，提高经济运行效率，保护市场公平竞争。具体来说，应该通过构建“一个体系、三大建设、三项任务和五大保障”的竞争政策实施框架，分步分层推进各项举措落地，促进商品和要素自由流动、公平交易、平等使用，加快建设统一开放、竞争有序的市场体系，最终实现市场在资源配置中的决定性作用。

党的十八届三中全会通过的《中共中央关于全面深化改革若干重大问题的决定》指出，“建设统一开放、竞争有序的市场体系，是使市场在资源配置中起决定性作用的基础”。竞争政策的基础地位的确立，是使市场在资源配置中起决定性作用的核心环节。2008 年 8 月 1 日，《中华人民共和国反垄断法》（以下简称《反垄断法》）正式施行，该法在条文中首次正式提出“竞争政策”的概念。此后，我国竞争政策实施与执法机制不断健全，其基础地位也在逐步强化。2015 年发布的《中共中央 国务院关于推进价格机制改革的若干意见》首次明确提出要“逐步确立竞争政策的基础性地位”。2016 年发布的《国务院关于在市场体系建设中建立公平竞争审查制度的意见》奠定了竞争政策基础性地位的重要制度基石。党的十九大报告也明确提出，要“清理废除妨碍统一市场和公平竞争的各种规定和做法”，“打破行政性垄断，防止市场垄断”，为我国竞争政策的完善与实施指出了明确方向。2019 年，党的十九届四中全会通过的《中共中央关于坚持和完善中国特色社会主义制度 推进国家治理体系和治理能力现代化若干重大问题的决定》指出，“完善公平竞争制度”“营造各种所有制主体依法平等使用资源要素、公开公平公正参与竞争、同等受到法律保护的市场环境”，进一步把公平竞争上升到制度层面。但是，我国现行的竞争政策整体框架是批判吸收西方成熟市场经济国家的经验模式，在改革中通过不断尝试逐步建立起来的，法律体系、制度框架和执行机制仍然不够健全，尚未形成契合中国特色社会主义市场经济体制的完善的竞争政策框架。因此，应适应我国发展阶段、经济传统和市场机制的特征，在参考世界主要国家竞争政策体系及其实践的基础上，构建符合我国国情的竞争政策理论框架，并不断完善竞争政策法律体系、优化竞争政策执行机制，积极协调竞争政策与其他经济政策的关系，通过改革破除竞争政策实施的制度性障碍，尽快确立竞争政策基础地位，构建符合中国特色社会主义市场经济体制的竞争政策体系。唯其如此，才能在我国尽快形成企业自主经营、公平竞争，消费者自由选择、自主消费，商品和要素自由流动、平等交换的现代市场体系，提高资源配置效率和公平性，最终使市场真正在资源配置中起决定性作用。

一、我国竞争政策及其基础地位的内涵与工具

竞争政策是现代市场经济国家维护市场竞争秩序，充分发挥市场合理配置资源功能的重要政策，反垄断法素有市场经济国家“经济宪法”之称。经过上百年的探索与发展，现代国家竞争政策已经形成了一套较为成熟的模式和工具，一些后发国家的竞争政策设计也基本上遵循了这一框架。

（一）我国竞争政策的内涵与工具

竞争政策的理论内涵既来自经济学理论，又存在法学基础。经过多年的理论发展和政策实践，法学界和经济学界对竞争政策的概念内涵基本有了一致的认识，即竞争政策是指由政府使用的旨在建立市场竞争条件的一系列政策措施和工具。

但是，由于理论认知和实践的现实区别，学界和政策界一般在狭义和广义两个层次上使用“竞争政策”这一表述（见表 1-1）。狭义的竞争政策基本

等同于反垄断法或者竞争法，专指那些鼓励竞争、限制垄断的反垄断政策，作为对竞争结果的“事后调节”措施，它通常以法律的形式存在，具体包括限制垄断协议、防止经营者集中、控制滥用市场支配地位等政策工具。广义的竞争政策是指促进竞争和弥补市场失灵的法律与政策，涵盖了为维持和发展市场竞争机制以及弥补市场失灵所采取的各种法律条文和公共措施，包括反行政垄断、限制垄断协议、控制经营者集中、防止滥用市场支配地位、促进竞争倡导以及其他弥补市场失灵促进竞争机制发挥作用的政策工具。[①]

表 1-1 竞争政策内涵与工具

概念层次	内涵	法律与政策实质	政策工具
广义概念	为维持和发展市场竞争机制以及弥补市场失灵所采取的各种公共措施	促进竞争和弥补市场失灵的法律与政策	反行政垄断、限制垄断协议、控制经营者集中、防止滥用市场支配地位、竞争倡导以及其他弥补市场失灵、促进竞争机制发挥作用的政策
狭义概念	鼓励竞争、限制垄断的反垄断政策	等同于反垄断法或竞争法	限制垄断协议、控制经营者集中、防止滥用市场支配地位

资料来源：作者根据相关文献整理总结。

我国现行的竞争政策总体上基本等同于反垄断法，相当于狭义的竞争政策概念，但其内涵在不断扩展。[②] 根据竞争政策与《反垄断法》的对应关系，从职能工具上看，现有竞争政策主要涵盖了限制垄断协议、防止滥用市场支配地位和控制经营者集中三类。同时，虽然对行政垄断有所涉及，但是其条款过于原则性，对相关主体约束力不强。从完善我国竞争政策体系出发，我国竞争政策涵盖的内容与工具必须与国情特征相适应。从市场主体角度看，相对于国外市场主体以民营和私营企业为主，我国市场竞争中仍然存在数量较多的国有

① 孙晋、钟瑛嫦：《竞争政策的理论解构及其实施机制》，《竞争政策研究》，2015 年第 3 期。

② “反垄断”有时也被称作“反托拉斯”，源于英文中的 antitrust，指代的内容并无差异，有的文献中“反垄断”也被译作 anti-monopoly。与“反垄断”相关的整个法律体系在有的国家统称“反垄断法”，有的国家则称作“竞争政策”。随着国内反垄断和竞争政策的实践不断丰富，在我国的法律和政策体系中，竞争政策的内涵也日渐丰富。

企业，因此除了现有的常规性反垄断，我国竞争政策还应涵盖限制国企垄断行为的内容与工具。从经济体制角度看，相对于国外成熟市场经济国家而言，我国政府对市场经济活动的干预仍然有待转变和改善，相关政策依然存在排除与限制竞争的情况，因此我国竞争政策应涵盖防止和打破行政垄断。从竞争氛围角度看，与成熟市场经济国家社会市场竞争理念和氛围都较强相比，由于市场经济体制尚不完善，我国政府部门与市场主体竞争理念都不强，整个社会竞争氛围不浓，因此我国竞争政策还应该对竞争倡导作出制度性和政策性的安排。鉴于此，从国情出发，根据市场形态和体制特征，我国竞争政策应该逐步向广义概念延伸。具体来说，主要涵盖四个方面的内容和工具（见表 1-2）。

表 1-2　竞争政策体系与《反垄断法》的对应关系

<table>
<tr><th>分类</th><th>主要内容</th><th>原执法机构</th><th>对应反垄断法条</th></tr>
<tr><td rowspan="3">按主要工具</td><td>限制垄断协议</td><td>国家发展改革委价格监督检查与反垄断局、工商总局反垄断与反不正当竞争执法局</td><td>《反垄断法》第二章第十三～十六条：横向垄断协议、纵向垄断协议、垄断协议豁免等</td></tr>
<tr><td>防止滥用市场支配地位</td><td>国家发展改革委价格监督检查与反垄断局、工商总局反垄断与反不正当竞争执法局</td><td>《反垄断法》第三章第十七～十九条：滥用市场支配地位行为的情形、相关市场界定、市场支配地位认定等</td></tr>
<tr><td>控制经营者集中</td><td>商务部反垄断局</td><td>《反垄断法》第四章第二十～三十一条：经营者集中的形式、申报标准、豁免情形、申报程序、审查程序、审查标准、处罚措施等</td></tr>
<tr><td rowspan="3">按市场主体</td><td>常规性反垄断</td><td rowspan="3">三家执法机构为主、其他政府机构参与</td><td>《反垄断法》第二～四章第十三～三十一条：垄断协议、滥用市场支配地位、经营者集中</td></tr>
<tr><td>限制国企垄断</td><td>《反垄断法》第一章第七条：国有企业有条件保护，并对其行为进行监管、调控或限制</td></tr>
<tr><td>防止行政垄断</td><td>《反垄断法》第一章第八条：行政机关不得滥用行政权力，排除、限制竞争；第五章第三十二～三十七条：滥用行政权力排除、限制竞争的限定交易、地区封锁、市场歧视等</td></tr>
</table>

资料来源：基于于立（2017）《竞争政策的内涵与地位》演讲 PPT，根据相关文献整理。

注：在党的十九大后的新一轮机构改革中，三家行政执法机构的职能已统一至新设立的国家市场监督管理总局。

一是常规性反垄断。经过多年的市场化改革和社会主义市场经济体制建设，我国非国有市场主体不断增加，民企和外企数量显著超过国有企业，民间投资占比也达到60%以上。对于这些非国有企业而言，其经营领域基本上都是竞争性市场领域和环节，整体可以按照《反垄断法》或《反托拉斯法》的国际惯例，运用限制垄断协议、防止滥用市场支配地位和控制经营者集中三类反垄断工具对企业的反竞争行为进行规制。

二是防止和打破行政垄断。我国仍然处于中国特色社会主义市场经济的初级阶段，市场机制还不完善，政府在经济社会活动中的作用与功能依然较强，政府政策依然存在地方保护、区域封锁，行业壁垒、企业垄断以及违法给予优惠政策或减损市场主体利益等不符合建设全国统一市场和公平竞争的现象。因此，在我国竞争政策中，需要单独设立反行政垄断的法规政策与实施细则，针对存在市场准入和退出标准、商品和要素自由流动标准、影响生产经营成本标准、影响生产经营行为标准的政策进行审查、调整和存废，逐步清理废除妨碍全国统一市场和公平竞争的规定和做法，防止出台排除、限制竞争的政策措施，以规范政府有关行为，维护市场公平秩序。同时，对于政府部门具有排除和限制竞争影响的行政行为，需要以《反垄断法》为依据予以纠正。

三是反国有企业垄断。大部分欧美成熟市场经济国家国有企业数量较少，且市场化程度较高，因此其常规领域反垄断规则同等适用于国有企业。但在某些转轨国家，国有企业被视为重要国家资产，而非价格及市场垄断的寡头，可以少受甚至免受反垄断审查。我国国有企业数量较多，且股权、治理等情况较为复杂，难以用统一标准来确定在对国有企业市场监管中应使用何种竞争政策，因此应根据国有企业或国有资本未来改革方向设定专门的政策与制度，并与垄断行业规制政策相协调，对国有企业经济行为的竞争政策适用性进行分类管理（见表1-3）。

表 1-3　国有企业竞争政策适用性分类管理

国企类型	政府企业	特殊法人企业	股份公司企业
股权特征	国资独资	国资独资或绝对控股	国资参股
经营领域	战略性领域	自然垄断领域或其竞争性环节	完全竞争性领域
适用工具	反行政垄断＋规制	反行政垄断＋规制＋反市场垄断	反市场垄断

资料来源：作者根据相关文献整理总结。

四是竞争倡导。从国际经验看，主要国家之所以进行竞争倡导，是因为竞争倡导具有促进和补充反垄断执法、推进竞争政策顺利实施和推动竞争文化有效构建的重要作用。我国部分政府部门与市场主体竞争意识尚不强，因此竞争倡导显得格外重要。应通过推动立法优先咨询、引导放松管制、实施管制的竞争评估、设定企业合规指引以及合理使用其他竞争倡导工具等，规范政府部门政策制定与实施，促进国有企业自我约束，指引非国有企业合规经营以及引导普通消费者形成竞争意识，从而提高全社会自觉避免限制竞争的意识和行为，形成公平竞争的风气和氛围。

（二）我国竞争政策基础地位的内涵与维度

竞争政策基础地位的逐步确立，既要符合法理基础，又要契合实践经验。从理论内涵看，竞争政策基础地位是指以竞争的基本理念和政策原则指导与规范其他经济政策和社会政策的制定与实施，并通过政策约束和案件执法避免排除和限制市场竞争的行为，使竞争政策成为引导和约束其他政策、改善竞争环境的基础性经济政策。具体而言，竞争政策基础地位的具体维度包括：竞争法律具有上位性，政策执行机构具有独立性和权威性，政策工具具有优先性（见表 1-4）。

表 1-4 我国竞争政策基础地位的三个维度

维度	特征	一般表现	我国具体表现
法律	上位性	立法属于基本法，法律效力高于行政性及地方性法规与规章	反垄断法、公平竞争审查制度、国有企业规制和反垄断制度、竞争倡导制度优于其他下位法和各类制度与政策
组织	独立性 权威性	在竞争问题上凌驾于具体职能部门之上，且具有较强独立性	构建权威、统一、独立的反垄断和公平竞争机构
工具	优先性	优先于其他类型的政策工具	公平竞争审查成为政策制定与出台的重要基准，促进国有企业公平竞争优先于其他市场领域政策工具，限制垄断协议、防止滥用市场支配地位和控制经营者集中约束等工具优于其他政策工具

资料来源：作者根据相关文献整理总结。

根据竞争政策基础地位的内涵及其具体维度，针对我国竞争政策覆盖主体以及涵盖内容，我国竞争政策基础地位的基本框架应该包括三个方面的内容。

一是法律上位性，即指竞争政策立法属于基本法，法律效力高于行政性以及地方性法规与规章。具体表现为反垄断法、公平竞争审查制度、国有企业规制和反垄断制度以及竞争倡导制度优于其他下位法和各类制度与政策。

二是组织独立性与权威性，即指部门在决策以及案件处理方面是相对独立的，且其在市场竞争问题上的权利层级和范围凌驾于一般职能部门之上。具体表现为要构建权威、统一、独立的反垄断和公平竞争机构。

三是工具优先性，即指竞争政策相关工具优先于宏观经济政策、产业政策、贸易政策等其他政策工具，如果存在冲突，应以竞争政策工具为主导统筹其他政策工具。具体表现为公平竞争审查成为政策制定与出台的重要基准，促进国有企业公平参与竞争优先于国有企业其他市场领域的相关政策工具，限制非国有企业垄断协议、防止非国有企业滥用市场支配地位和控制非国有企业经营者集中约束等反垄断工具优于其他政策工具。

（三）确立我国竞争政策基础地位需要处理的重大关系

当前我国正在加快完善社会主义市场经济体制，但政府在经济社会活动中的作用仍然比较强，竞争政策的实施与我国现有的一些政策和习惯做法可能产生一定的矛盾或冲突。因此，确立我国竞争政策基础地位的核心是要处理好竞争政策与其他主要经济政策之间的关系（见表 1-5）。

表 1-5　确立我国竞争政策基础地位需要处理的重大政策关系

政策	短期关系	长期关系
竞争政策—产业政策	协调配合	协调配合+约束规范
竞争政策—宏观调控政策	协调配合	协调配合
反垄断政策—规制政策	协调配合	互补关系

资料来源：根据于立（2017）《竞争政策的内涵与地位》演讲 PPT 修改。

一是要处理好竞争政策与产业政策的关系。从现阶段看，由于发展阶段和转轨进程的影响，产业政策在我国经济社会中还发挥着较为重要的作用。但是，根据日韩等国的经验看，随着经济社会发展进入相对成熟的阶段，产业政策会逐步转型、弱化甚至在某些行业领域彻底退出。由此，在短期内，要在产业政策逐步转型的条件下，通过适用除外制度、适用豁免制度、事前协商制度以及和解制度等，有效协调竞争政策与产业政策。从长期看，则应当逐步确立竞争政策相对于产业政策的优先地位，对产业政策形成有效约束，规范产业政策制定和实施，使竞争政策成为我国市场经济运行的基础性经济政策。

二是要处理好竞争政策与宏观调控政策的关系。虽然经过多年的市场化改革，我国宏观调控仍然部分带有计划经济的影子，且国家在经济运行中的干预亦较多较深。这与我国的经济管理方式的惯性以及现阶段发展的需要是分不开的，在短期内难以全面转变。因此，在短期内要通过公平竞争审查和竞争倡导等方式，强化宏观经济调控职能部门的政策公平意识，并避免其政策损害市场竞争。从长期看，包括财政货币政策在内的宏观调控政策，在不违背国家战略性目标的前提下，应强制性接受公平竞争审查，凡是涉及排除、限制市场竞争的相关政策都应该废止或者修订。

三是要处理好反垄断政策与规制政策的关系。行业规制是维护自然垄断行业市场秩序的重要政策。从我国现实出发，在国有企业改革进程中，短期内要协调好国有企业反垄断政策和垄断行业规制政策，配合执行，避免冲突。长期来看，待国有企业分类改革完成后，应强化在自然垄断行业和领域经营的国有企业的行业规制，并对从事竞争性领域与环节的国有企业加强反垄断执法，同时在取证、执法和处置过程中促进国有企业反垄断与行业规制相互配合，避免和查处国有企业排除、限制市场竞争的行为，有效维护市场公平秩序。

二、我国竞争政策的实施要符合发展阶段和国情特征

历史经验和实践表明，没有任何两个国家或地区采取完全相同的竞争政策。[①] 我国正处于转型加转轨的特殊时期，经济体制发展的核心目标是建设中国特色社会主义经济体制，且正在逐步推进社会主义市场经济法治化进程。因此，我国竞争政策的制定和实施必须符合这些发展阶段和体制特征。

（一）竞争政策必须适应经济社会发展的内在需要

任何国家竞争政策基础地位的确立都不是一蹴而就和一劳永逸的，需要

① William Kovacic、林至人、Derek Morris：《市场竞争面临的政策和体制障碍》，载于《以竞争促增长 国际视角》，北京：中信出版社，2017 年版。

随着经济发展的不断演进而逐步实现。作为竞争政策的先行者，美国在1890年通过《谢尔曼法》开始制定和实施反垄断法之后花费了近半个世纪（从1890年到1940年），竞争才成为国家经济制度与组织的核心原则，并由此确立了反垄断执法在国家经济运行和社会活动中的核心地位。二战后才开始践行竞争政策的日本，1947年开始颁布和实施反垄断的相关法律，确保公正交易，比如《独占禁止法》，其竞争政策的设定甚至比美国反托拉斯法更为严厉。但是，此后日本的产业政策开始优先于竞争政策，《独占禁止法》一改再改，其效能大大低于颁布之初；直到20世纪90年代，随着日本经济发展进入较为成熟的阶段，1997年、1998年、1999年和2000年日本数度修订相关竞争政策的法律，不断扩大和加强公平交易委员会的权限，试图通过减少政府干预和促进市场竞争，日本竞争政策才逐步成为经济政策的基础性政策。① 从历史经验可见，首先，确定竞争政策基础地位是一个较为长期的历史过程，一般起始于一个国家市场经济发展的工业化中期阶段，并在工业化后期阶段逐步得到确立。其次，在竞争政策基础地位确立之前，随着一国经济发展任务重心的变化，其地位变化不是线性提升的，而往往是具有反复性。

我国竞争政策的设计和实施肇始于2008年《反垄断法》颁布执行，2015年发布的《中共中央 国务院关于推进价格机制改革的若干意见》首次提出“基础性地位”的概念，2016年颁布的《国务院关于在市场体系建设中建立公平竞争审查制度的意见》成为确立竞争政策基础性地位的重要标志。但是，我国仍然是新兴市场和发展中经济体，尚处于工业化中期向后期迈进的阶段，经济赶超的任务依然较重，传统产业政策在整个国民经济中还具有相当重要的地位。因此，尽管我国提出了要确立竞争政策基础地位，但是依然有很长的路要走，并可能有所反复。同时，从中短期看，传统产业政策还难以很快

---

① 薛强：《日本：竞争政策为本，产业政策为辅》，《中国经济导报》，2014年12月4日。

退出历史舞台，应在产业政策转型的条件下，加快协调竞争政策和产业政策的关系，为未来竞争政策基础地位的确立做好铺垫、打好基础。

（二）竞争政策必须服务于体制调整和改革大局

反垄断法是市场经济国家的“经济宪法”，其产生与完善是与市场经济发展相关联的。竞争政策既扮演着推动体制转轨的重要引擎，也是成熟市场经济国家经济运行与发展的核心经济制度。从俄罗斯和中东欧转轨国家的经验可以看出，在从计划经济向市场经济转轨过程中，如果不根据经济转轨的特征和节奏，急迫和生硬确立竞争政策基础地位，往往会面临诸多挑战，还会产生一系列的问题。首先，西方国家竞争政策构建的逻辑是“经济自由—垄断和排除竞争—竞争政策”，而转轨国家竞争政策基础地位建立的逻辑则是“国家干预和国企垄断—经济自由—竞争政策”，两者的差别必然导致政府职能转变的不同倾向，因此生硬照搬国外的竞争政策体系和实施机制，导致俄罗斯和中东欧国家在确立竞争政策基础地位过程中遇到各种体制冲突。① 其次，转轨国家虽然基本建立了现代市场经济的制度框架，但传统的政府职能思维方式仍产生了长久影响，市场经济运行机制并不健全，甚至还存在严重缺陷，转轨国家政府职能未能从根本上得以转换，其作用也没能充分发挥，导致竞争政策难以适应这样的体制环境，立法坎坷、执法艰难，引发了一系列的问题。

经过四十多年的改革开放，我国逐步从计划经济向现代市场经济转轨，已经初步建立了社会主义市场经济体制。但是，我国政府在经济发展中的直接干预仍然存在，垄断性行业仍有待深入推进，市场经济体制全面完善还有

① 郭连成、刁秀华：《转轨国家的竞争政策与立法研究——以俄罗斯为例》，《财经问题研究》，2007 年第 4 期。

很长一段路要走。因此，从我国经济体制改革的现实出发，确立竞争政策基础地位不能操之过急，且必须服务于改革大局。首先，竞争政策基础地位的确立必须符合我国现有体制的特征循序推进，要通过经济体制改革的办法逐步推进竞争政策实施，不能在现有体制条件不成熟的情况下提过高的要求。其次，竞争政策的推进实施要服务于体制改革大局，要成为市场化改革的重要动力，比如通过竞争政策的实施推动垄断行业改革和放松行业管制，让竞争政策基础地位逐步确立起来。

（三）竞争政策必须契合基本经济制度特征

转轨国家一般把实行自由化经济政策，特别是创造有效率的市场环境作为政府角色定位和职能转换的首要目标，因此俄罗斯和中东欧国家经济转轨的基本方向就是私有化道路。但是，一方面，在某些领域，政府完全放弃行政干预也带来了严重的经济后果，失业率骤增，人民生活水平下降，社会不满情绪上升，整个社会付出高昂代价；另一方面，"休克疗法"的私有化过程推进速度太快，私有化的政策不透明、过程不公开、产权不明确，导致公司效率下降和社会公平程度急转直下。在这一过程中，俄罗斯和中东欧国家竞争政策设计也基本上是仿照欧美发达国家，力图在私有化基础上建立一个西方式的竞争政策体系。从现实效果看，由于改革方向的偏差，这些国家所嫁接的竞争政策运行并不如西方市场经济国家理想。

党的十八届三中全会通过的《中共中央关于全面深化改革若干重大问题的决定》指出，"公有制为主体、多种所有制经济共同发展的基本经济制度，是中国特色社会主义制度的重要支柱，也是社会主义市场经济体制的根基。""必须毫不动摇巩固和发展公有制经济，坚持公有制主体地位，发挥国有经济主导作用，不断增强国有经济活力、控制力、影响力"。因此，竞争政策必须契合这一基本经济制度的特征，否则在实施过程中将遇到诸多困难。首先，作为公有制经济代表的国有企业和国有资本，是我国基本经济制度的重要基石，不能盲目通过私有化确立国有企业的市场主体地位，而应该在竞争政策中安排特殊的机制，既发挥国有经济主导作用，又防止国有企业垄断和排斥市场竞争行为。其次，要毫不动摇地鼓励、支持、引导非公有制经济发展，激发非公有制经济活力和创造力，就必须强化竞争领域的竞争政策执法，实行统一的市场监管，清理和废除妨碍全国统一市场和公平竞争的各种规定和做法，禁止各类违法实行优惠政策的行为，反对地方保护，反对垄断和不正当竞争。

（四）竞争政策必须符合法制化基本方向

市场经济就是法治经济，竞争政策发展成熟的重要方向就是法制化。从国外经验看，不断推进和强化竞争政策法制化，是保证竞争政策顺利实施和广泛接受的重要基础。欧美等发达国家具有较为完整的竞争政策法律体系、执行程序和诉讼机制，形成了一套行之有效的竞争政策法制基础，这才使反垄断法真正成为这些国家的“经济宪法”。相反，在一些新兴市场经济国家和发展中国家，由于法治环境不佳，即使国家大力推行竞争政策，都会受到政府内部和外部市场的相关势力干预，竞争政策执行举步维艰。因此，竞争政策法制化是保障其基础地位和顺利执行的核心基础。

党的十八届四中全会通过的《中共中央关于全面推进依法治国若干重大问题的决定》指出，“社会主义市场经济本质上是法治经济。使市场在资源配置中起决定性作用和更好发挥政府作用，必须以保护产权、维护契约、统一市场、平等交换、公平竞争、有效监管为基本导向，完善社会主义市场经济法律制度。”“促进商品和要素自由流动、公平交易、平等使用。依法加强和改善宏观调控、市场监管，反对垄断，促进合理竞争，维护公平竞争的市场秩序”。在我国法治化进程加快的条件下，应该把握机遇尽快推进竞争政策的法制化，为确立其基础地位奠定基石。首先，要完善竞争政策核心立法及其配套立法，形成符合我国发展阶段和国情特征的竞争政策法律体系。其次，要细化竞争政策法制化的执行细则，使竞争政策执行主体、对象、程序等有法可依，保障竞争政策公平执行。最后，要完善竞争政策的诉讼程序，畅通竞争政策执行的法律渠道，保障市场竞争主体的法律权利。

三、我国竞争政策的目标体系和实施框架

我国竞争政策的目标体系应该适应现阶段的基本国情，其实施框架应契合我国执法机构的基本构架和竞争政策面临的重大任务。只有科学确立竞争政策目标体系和实施框架，才能推进竞争政策在我国顺利实施，才能使竞争政策成为加快完善社会主义市场经济体制的有力支撑。

（一）适应经济发展阶段的竞争政策目标体系

确立竞争政策的目标体系需要结合我国基本经济制度、经济社会发展形势、国内外法制环境。从基本经济制度看，国有经济是公有制经济的重要组成部分，是国民经济的领导力量，竞争政策目标体系的建立要避免与国有企业改革的方向产生冲突。从经济发展环境看，地方保护、区域封锁，违法给予优惠政策或减损市场主体利益等不符合建设全国统一市场和公平竞争的现象仍然存在，行政垄断也应成为确立竞争政策目标时重点考虑的问题。从法律和制度环境看，在保护消费者、促进中小企业发展、维护社会公平方面都有专门的法律出台，在确立竞争政策目标时也要对不同法律的管辖范围有所

考虑，不宜把所有的经济社会目标全部纳入竞争政策的目标体系中。从经济发展内生动力看，我国经济发展正从要素驱动向效率驱动、创新驱动转型。实现这一转型需要形成更有活力、竞争更为充分的市场结构，将提升革新效率作为竞争政策的重要目标。

基于以上认识，结合当前产业组织理论的发展以及国内反垄断法实施的现状，我国的竞争政策应遵循多元化目标模式（见表1-6）。其中，直接目标是改善和维护市场的公平竞争机制，核心目标是促进经济效率提升，终极目标是提高消费者福利和社会公共利益，另外还要兼顾维护市场统一，消除市场壁垒等目标，而保护中小企业、保护民族产业、推动经济结构转型等不应该成为反垄断法的目标。另外，考虑到我国区域封锁和市场分割的现象仍然存在，对统一市场和公平竞争构成了重大威胁。因此，竞争政策还要着眼于维护市场统一，消除市场壁垒，反对各种形式的地方保护主义和行政垄断行为。

竞争政策的各项目标是一个有机整体，有着紧密的内在联系。追求经济效率就是要通过维护自由竞争实现资源优化配置。效率提升可以从配置效率、生产效率和动态效率三个方面加以考虑。配置效率考虑的是市场内的资源配置。[①] 竞争的一个主要优点就是使企业很难长时间把价格定在长期边际成本之上，从而避免价格扭曲，驱动市场实现有效率的资源配置。生产效率描述了一个生产过程对特定商品成本的影响。[②] 竞争的另一个优点就是鼓励企业以尽可能有效率的方式进行生产，并把那些无效率的企业淘汰出局。动态效率（也称革新效率）指企业通过引入新产品、改进现有产品或完善生产程序等实现的效率提升。革新又可以以技术扩散的形式传递到整个行业，进而提升总

---

① 当市场机制促使所有可用的生产要素被分配到使该要素有最高利用价值的市场参与者那里，资源的配置效率才得以实现。

② 当商品的生产只使用了最小可能的投入（原材料、中间品和劳动等）时，就实现了生产效率。

体福利。由于研发竞争已经成为一种重要的竞争方式，因此，对竞争的维护对于实现动态效率有直接推动作用。只要公平的竞争秩序得到维护，经济运行效率能够得到保证，消费者就能以合理的价格获得较高质量的产品，消费者福利就能得到保障。因此，维护竞争机制，提升经济效率和保护消费者福利是相辅相成的。

表 1-6　竞争政策的目标体系

目标	内容	内在联系
直接目标	维护公平竞争机制	竞争优化资源配置，推动优胜劣汰，提升经济效率
核心目标	促进经济效率提升	效率提升促进经济增长，降低成本和价格，改善消费者福利
终极目标	提高消费者福利和社会公共利益	由公平竞争和效率提升来保障
其他目标	维护市场统一，消除市场壁垒，反对地方保护	公平竞争的题中之义，效率提升的基本保障

资料来源：作者根据相关文献整理总结。

（二）基于反垄断执法机构职能的竞争政策实施体系

竞争政策的实施离不开执行机构，科学设置执行机构、合理划分其职能是竞争政策全面落实的重要前提。

随着《反垄断法》通过和实施，我国按照该法规定，建立了由国务院反垄断委员会和国务院反垄断执法机构组成的竞争政策实施双层架构，其中，反垄断执法机构是竞争政策的主要实施部门。

竞争政策实施双层架构形成了组织协调与具体实施的明确分工。反垄断委员会是组织协调机构，承担指导反垄断工作的职责，但并不直接参与具体的反垄断执法和竞争政策实施。党的十九大之前，反垄断具体执法工作由国家发展和改革委员会、商务部和原国家工商总局三家机构共同负责。其中，国家发展改革委负责价格垄断行为方面的反垄断执法工作，由内设的原价格监督检查与反垄断局具体实施；原国家商务部负责经营者集中方面的反垄断执法工作，由内设的反垄断局具体实施；原国家工商总局负责垄断协议、滥用市场支配地位和滥用行政权力排除、限制竞争方面的反垄断执法工作（价格垄断行为除外），由内设的反垄断与反不正当竞争执法局具体实施。随着竞争政策深入实施，竞争政策的内涵不断丰富，2016 年国务院推出了公平竞争审查制度，主要工作由国家发展和改革委员会承担。

从竞争政策执行机构的分工情况看，基本能够满足国内反垄断执法和竞争政策实施的需要，但党的十九大之前的反垄断执法机构存在几个方面的问题。

一是政策实施和执法职能分散，为同一职能设置多个机构可能导致执法成本高而效率低。在竞争政策制定和实施过程中，三家机构需要协调沟通，加大了决策成本。在社会上宣传推广竞争政策时，三家机构很难做到统一部署、统一落实、统一考核。在国际合作中，三家机构也没有明确的职能划分，到底由哪家机构代表中国参与国际合作没有定论，有时甚至出现了三家分别派员参与国际合作、分别与其他国家签订合作备忘录的情况。

二是执法权限存在交叉，可能出现多头执法的情况。商务部负责的经营者集中审查业务相对独立，而国家发展改革委和原国家工商总局共同负责垄断协议和滥用市场支配地位行为的反垄断执法，名义上的划分标准是涉及价格行为的由前者负责，不涉及价格行为的由后者负责。但在具体案件中，企业垄断行为往往都会与价格产生一定关联。在具体实施过程中，两家机构达成默契，谁先介入由谁负责。这在一定程度上解决了多头执法问题，但仍无法完全解决部门协调和执法标准统一等问题。

三是执法机构的权威性、独立性有待进一步加强。反垄断执法机构开展禁止滥用市场支配地位的执法工作时，经常会涉及占市场支配地位或者具有垄断地位的大企业，特别是电信、邮政、民航、铁路、电力、银行等领域的国有企业。但上述行业往往存在独立的行业监管机构，而反垄断执法机构和行业监管部门在行政级别上往往是平级的，因此，在涉及这些行业的反垄断执法中经常出现政出多门的情况，反垄断执法的效率会大打折扣。特别是这些行业监管部门并没有反垄断和保护竞争的目标，也不以提升消费者福利为主要宗旨，而且可能站在被监管企业的立场上与之形成利益共同体。

四是地方竞争政策实施机构有待进一步理顺。《反垄断法》规定，反垄断执法工作是中央事权，但可以根据工作需要，授权省、自治区、直辖市人民政府相应的机构负责有关反垄断执法工作。从目前的机构设置看，工商部门采用垂直管理架构，比较容易贯彻中央政府意图，而发展改革部门和商务部门是属地管理，在代表中央从事反垄断执法工作时，可能受地方有关部门干扰。要解决这一问题，发挥好地方竞争政策实施机构的积极作用，需要在授权方式、授权层级、是否设置派出机构等方面作出系统安排。

党的十九大后新一轮机构改革对反垄断执法机构进行了调整，将三部门的反垄断行政执法职能统一到了新设立的国家市场监督管理总局之下。通过改革，反垄断行政执法职能的统一性得到了体现，但反垄断部门的权威性、独立性仍需要进一步提升。

（三）基于反垄断重点任务的竞争政策实施体系

1. 常规性反垄断

在竞争政策的实施过程中，垄断有经济学和法律上的双重含义。经济学意义上的垄断又叫独占，指的是在一个行业或市场中只有唯一的卖者或买者，垄断者能够在市场上随意地调节价格或产量，以谋求其利润的最大化。与之接近的一种市场结构称为寡头市场，指的是市场中只有少数几家企业控制了产品的生产和销售。垄断市场和寡头市场中的企业对于市场价格或产量都有着一定程度的影响力。法律意义上的垄断由一系列的法律要件构成，一般而言要求形成垄断的企业具有优势地位，并且有利用优势地位限制或排除竞争的行为。法律意义上的垄断往往需要依据《反垄断法》及其配套法律法规按照一定的程序予以认定。

垄断本身并不违法，滥用垄断带来的市场支配地位才违法。执法机构反对的不是垄断地位，而是垄断行为。这也对应于竞争政策实施中的常规反垄断，针对一般市场主体行为。从主要市场经济国家的反垄断实践看，企业垄断行为主要分为三类（见图 1-1）。

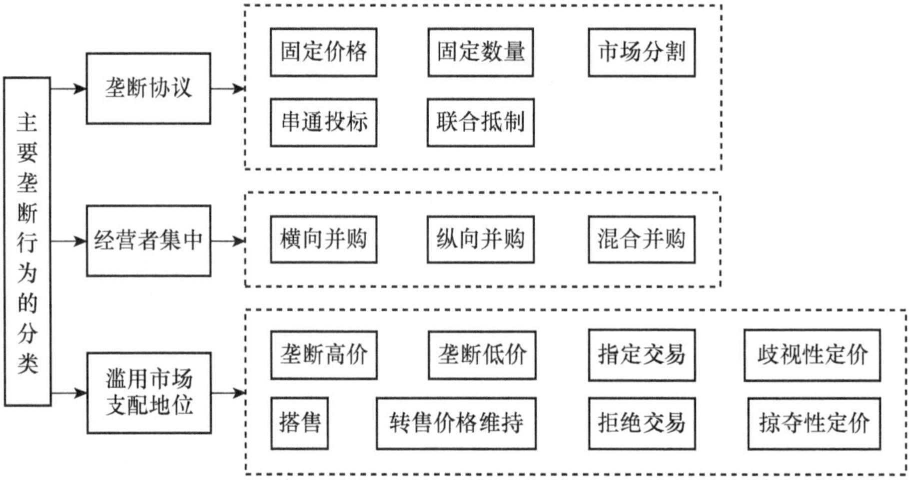

图 1-1 主要垄断行为分类

资料来源：作者根据相关文献整理总结。

第一类是达成垄断协议，可以分为横向垄断协议（也称卡特尔）和纵向垄断协议，包括固定价格、固定数量、市场分割、串通投标、联合抵制等具体形式。垄断协议是世界各国公认的严重违反竞争法的行为，其存在会给整个经济和社会带来巨大的危害，[①] 一部分国家针对达成垄断协议的行为设置了高额罚款，有的国家甚至对相关行为施以刑事处罚。

第二类是具有排除竞争影响的经营者集中行为，也就是常说的企业并购，包括横向并购（直接竞争对手之间的并购）、纵向并购（上下游企业之间的并购）和混合并购等形式。需要指出的是，并不是所有的经营者集中行为都会产生反竞争效果，竞争政策所反对的是那些被反垄断机构认定具有排除和限制竞争影响的经营者集中行为，这个认定过程就是经营者集中审查。在经营者集中审查过程中，往往涉及相关市场界定、市场集中度测定、竞争影响评估等大量经济分析工作。[②]

第三类是滥用市场支配地位行为，包括垄断高价、垄断低价、歧视性定价、掠夺性定价、指定交易、拒绝交易、搭售、转售价格维持等，还包括创新行业中的滥用知识产权排除、限制竞争等行为。滥用市场支配地位行为的认定往往也涉及相关市场界定、市场支配地位的判定、法律责任的确定等分析工作，同时涉及大量的经济学分析。

从我国竞争政策实施情况看，针对一般市场主体的常规垄断行为，反垄断执法部门的工作卓有成效。反垄断执法机构查处了一些典型案例，执法对象涉及电信、石油石化、铁路、液晶面板、旅游、白酒、奶粉等多个行业，调查对象涵盖国有企业、民营企业和外资企业以及行业协会。对这些案件的查处产生了巨大的社会影响，赢得了社会公众的广泛支持。

2. 反国企垄断

国有企业在我国属于一类特殊的市场主体，《中共中央 国务院关于深化国

① 前欧盟竞争事务专员蒙蒂（Mario Monti）曾说过："卡特尔是开放市场经济的毒瘤。"前美国司法部助理副部长利普斯基（Lipsky）也曾指出，"如果不能有效地阻止卡特尔，没有声称自由的经济能够存在。"

② 为推动分析工作规范化，美国、欧盟等经济体的竞争政策主管部门推出了《并购指南》，以此提高企业并购审查透明度，帮助执法部门和并购企业了解相关政策。

有企业改革的指导意见》指出，“国有企业属于全民所有，是推进国家现代化、保障人民共同利益的重要力量，是我们党和国家事业发展的重要物质基础和政治基础。”鉴于国有企业的特殊地位，《反垄断法》明确将其纳入管辖范围，同时有具体条款对反国有企业垄断作出专门规定。

国有企业改革目标与竞争政策目标从根本上讲是一致的。这种一致性体现在二者在宏观上都以促进国民经济的平稳健康发展为目标，在微观上都以提高企业运行效率和资源配置效率为目标，都落脚在改善全体国民，尤其是消费者的福利水平上。但二者在某些方面也存在一定冲突，这是推进反国有企业垄断的难点所在。国有企业改革的指导思想是要做强做优做大国有企业，不断增强国有经济活力、控制力、影响力、抗风险能力。当这些目标需要通过维系国有企业的垄断地位，设置一定的市场准入壁垒，包容国有企业垄断行为来实现时，就与竞争政策目标存在冲突。Owen，Sun and Zheng（2008）指出，政府控制国有企业时出现了两个相互矛盾的目标：一方面希望通过对国有企业的控制实现对关系国民经济命脉和国家安全行业的控制；另一方面又希望通过反垄断立法以及其他一些改革来引入竞争，打破国有企业的垄断地位。

当前部分国有企业存在一定的垄断行为，相关垄断行为与国有企业的产权属性和行业地位密切相关，同样给消费者福利带来了严重损害。由于自然垄断或政府行政保护，国有企业经常在其所处的行业中具有一定的市场支配地位，这种地位的滥用仍是目前维护公平竞争的一个主要障碍。[①] 文学国（Wen，2008）对我国国有企业滥用市场支配地位的行为进行了全面概括，主要方式包括：垄断定价，不少企业利用其在市场上的占优地位，把价格定在完全竞争价格水平之上；强制收费，主要有两种方式，一种是政府许可的收

① Sappington 和 Sidak（2003a，2003b）建立的理论模型证明，与私人部门所拥有的企业相比，国有企业不仅有更强烈的动机实施反竞争行为，而且国有企业可以采取更具反竞争效果的行动，这一结论在现实中也得到了印证。

费项目，但这些收费可能并不合理，比如历史上的电话初装费，另一种是在客户并不知情的情况下产生的随意收费，比如电信企业的随意收费；联合抵制，是指在位企业利用其占优地位对新进入的企业尤其是民营企业采用禁止交易或联合封杀等方式加以抵制。另外，在国有企业占优的领域还存在交叉补贴、进入限制、捆绑销售等排除、限制竞争的做法。

由于国有企业的独特地位，具体实践中推动反国有企业垄断存在多方面困难。首先，按照《反垄断法》第七条规定，调整国有企业垄断行为的主体并非反垄断委员会，也不是具体执法机构，而是“国家”，其指向并不明确。因此，《反垄断法》在调整国有企业垄断行为时受到了极大限制。其次，该条款事实上给予了国有企业在反垄断执法中的豁免权，只是该豁免权应该如何解释并未确定，豁免的规则到底会被放宽还是会被收紧取决于相关法规对该条款的解释（Fox，2008）。

3. 反行政垄断

行政垄断是指政府部门及其下设机构滥用行政权力排除、限制竞争的行为。过勇和胡鞍钢（2003）进一步把行政垄断定义为“政府为保护本部门或本地区所属企业的利益，通过法律、行政法规或规定的形式，维护这些企业的市场垄断地位，阻止竞争市场形成的行为”。典型的行政垄断包括指定交易、禁止交易、限制投标、地区封锁、强制垄断、歧视性的市场准入等。由于行政部门在其管辖范围内具有垄断性的行政权力，一旦其实施排除、限制竞争行为，必将对市场主体，尤其是其管辖区域之内的经营者产生重大影响，严重干扰正常市场秩序。对于经济政策排除和限制竞争的具体表现及危害我们将在本章第四部分详细阐述。

目前竞争政策对行政垄断行为的调整主要是从事前防范和事后规范两个方面进行。事前防范方面，主要通过对政策制定实行公平竞争审查来实现。

公平竞争审查制度精准把握了影响我国竞争政策落实的主要障碍和症结，明确了公平竞争审查在规范各项政策制定中的突出地位，为提升经济决策科学性确立了基本框架，形成了具有高度权威性和严格约束力的审查方式，是我国在竞争政策领域的一项创举，也是我国对全球竞争政策实施的一项重大贡献。事后规范方面，主要通过查处行政垄断案件来实现。近年来，国家发展改革委加强了对行政垄断行为的纠正和查处，清理整顿了“新居配”等涉嫌滥用行政权力排除、限制竞争的政策，对地方政府合理划定政府与市场的边界、推进“放管服”改革、降低企业成本起到了有力的促进作用。

（四）竞争政策的其他重点工作

推动竞争政策与规制政策协调。受技术进步、垄断行业和国有企业改革等影响，竞争性领域和垄断行业的边界在动态调整。在垄断行业的可竞争性环节，竞争政策的适用范围和程度受到垄断行业规制政策的影响比较大，需要促进两者相互协调和衔接。要结合垄断行业和国有企业改革的进展，促进竞争政策向垄断行业竞争性环节和一般竞争性领域拓展和延伸。在行政体制层面，根据行业技术特性和管理体制的变化，协调竞争政策执法与垄断行业规制之间存在的管辖权冲突。在政策实施层面，针对竞争秩序面临的主要挑战，强化对牵涉竞争性领域的大型国有企业的竞争政策执法力度。在产业组织结构调整等重点领域，要密切关注政府有形之手推动的行业融合，主动审查通过行政权力主导的经营者集中向竞争环节扩张的垄断行为。

通过多种途径的竞争倡导培育竞争文化。通过各种传播渠道，倡导公平竞争，在全社会形成促进公平竞争的文化环境。一是宣传各类反垄断执法的典型案例，强化警示作用，使市场主体高度重视反垄断合规工作，自觉维护公平竞争的市场环境。二是加强在政府内的宣传和引导，使政府决策主体自我强化对竞争重要性的认识，逐步消除经济政策中的反竞争行为。三是加强公众的公平竞争意识，培育竞争文化，倡导法制观念。在具体方式上，可借鉴国外经验，组织培训班和研讨会，对有关政府部门和行业协会进行培训；建立企业合规项目强化竞争倡导，针对企业管理者等重点群体，开展经常性教育和引导；针对重点领域和重点企业，书面制定反垄断合规指南、对员工开展反垄断培训、建立适当的文件管理和监测系统等。

四、我国经济政策排除与限制竞争的表现及危害

竞争政策基础地位集中体现在竞争政策对其他经济政策的指导和约束上，体现在其他经济政策对竞争理念的贯彻和落实上。竞争政策基础地位的确立需要全面消除其他经济政策排除和限制竞争的各种做法。尽管随着我国改革开放不断深化，全国统一市场基本形成，公平竞争环境已逐步建立。但少数行政主体和决策部门的公平竞争意识还比较淡薄，排除和限制竞争的政策措施时有出现。相关行为妨碍了全国统一市场建设和公平竞争市场环境的培育，是确立竞争政策基础地位的主要障碍。

（一）当前我国的经济政策体系

由于经济政策过于庞杂，在实施过程中又经常根据理论创新和现实需要不断推陈出新，因此，无论是理论界还是实务界对经济政策体系并没有一个系统、完整的分类和梳理。为了全面分析我国经济政策中排除和限制竞争的主要做法，我们从理论和实践两个层面对我国经济政策体系进行梳理（见

表 1-7）。

1. 基于经济学理论的经济政策分类

从政策作用范围看，经济政策可以划分为宏观调控政策和微观管理政策，二者分别有其不同的理论基础。

宏观调控政策的理论基础是凯恩斯主义的有效需求不足理论。其广泛运用始于美国大萧条，目前已经成为全球主要经济体管理经济的重要手段。凯恩斯主义认为，政府需要通过宏观调控等政策手段缓冲外部冲击，从而实现对经济短期波动的逆周期调节。宏观调控不是简单地干预市场机制，而是为市场机制的自我恢复创造更有利的环境，使资源配置在短期内尽快回归至均衡状态。

微观经济政策是政府针对市场失灵所采取的提升资源配置效率的措施。市场失灵是指市场本身不能有效配置资源的情况，其产生的主要原因在于产权制度不完善、垄断、外部性等。因此，微观干预重在通过建立设计完善的法律规章制度矫正市场失灵现象。例如，完善产权制度以明晰产权关系、在自然垄断行业实行政府定价等。需要指出的是，无论是宏观调控还是微观干预，均是对市场机制的补充，并不是去替代市场机制，市场能做的一定要交还给市场去做。

表 1-7　基于经济学理论的经济政策分类

概念	宏观调控政策	微观经济政策
理论基础	凯恩斯主义的有效需求不足理论	市场失灵理论
作用方式	在经济周期的不同阶段，对增长、通胀、就业、国际收支等不同目标进行权衡，通过财政、货币政策的适时调整，熨平经济波动	预防制止垄断行为，促进公平竞争；规制自然垄断行业；促进生态环境保护；保护产权；完善激励，减少信息不对称的负面影响

续表

概念	宏观调控政策	微观经济政策
作用对象	所有市场主体	特定市场主体
与竞争政策的关系	绝大多数情况下不违反公平竞争原则，与竞争政策没有冲突	部分情况下，对市场主体获得公平的竞争机会、使用公平的竞争手段、维护公平的竞争秩序产生了一定危害，与竞争政策存在一定冲突

资料来源：作者根据相关文献整理总结。

2. 基于政府管理职能的经济政策分类

根据政策涉及的不同领域和政策在经济管理中希望实现的不同目标，我们将经济政策划分为不同类别。这一分类基于政府不同部门的经济管理职能展开，可以为公平竞争审查工作的推进奠定基础。

目前，我国的经济政策体系中主要有以下政策：（1）财政政策是指国家根据一定时期政治、经济、社会的发展目标而规定的财政工作的指导原则，通过财政支出与税收变动来影响和调节经济的政策。（2）货币政策是指中央银行为实现既定目标，运用各种工具调节货币供应量来调节市场利率，通过市场利率的变化来影响总需求与宏观经济运行的各种方针措施。（3）产业政策是国家制定的，引导产业发展方向、推动产业结构升级、优化产业空间布局使国民经济健康持续发展的政策。（4）投资政策是指国家对固定资产投资进行调节或管理的政策。（5）环境政策是指按照市场经济规律要求，运用价格、税收、财政、信贷、收费、保险等经济手段，调节或影响市场主体行为，以实现经济建设与环境保护协调发展的政策手段。（6）能源政策是指政府围绕能源生产、供应、消费所制定的一系列方针和策略，涉及能源生产和消费、能源产品结构、能源区域布局、能源产品价格、能源储备、能源国际战略等各个方面的微观或宏观政策。（7）土地政策是指为实现一定目标，在土地资源开发、利用、治理、保护和管理方面规定的行动准则。（8）信贷政策是银行体系根据国家宏观经济政策、产业政策、区域发展政策和投资政策，并衔接财政政策、利用外资政策等制定的指导金融机构贷款投向的政策。(9) 科技政策是国家为实现一定历史时期的科技任务而规定的基本行动准则，是确定科技事业发展方向，指导整个科技事业的战略和策略原则。除了上述政策之外，还包括就业政策、收入分配政策、社会保障政策和医疗卫生政策等。

上述各种政策在实施过程中都有着明确的政策目标和特定的政策工具。总体看，宏观的、涉及经济发展全局的政策往往不具备排除和限制竞争的影响。比如，宏观税负的确定、利率水平的调整等。但如果上述政策的作用对象是特定的微观主体，尤其是对特定的市场进行选择性的支持或限制时，往往会影响到市场的公平竞争。比如，产业政策中人为选择技术发展路线、对本地企业的保护等。

(二) 经济政策排除和限制竞争的主要表现

1. 歧视性市场准入

歧视性的市场准入在许多地方仍大量存在，相关做法阻碍了生产要素和商品在地区间自由流通，严重损害了公平竞争秩序。歧视性市场准入存在多种形式。

一是采用歧视性技术措施，限制外地商品进入本地市场。歧视性技术措施主要包括对外地商品规定与本地同类商品不同的技术要求、检验标准，或者对外地商品采取重复检验、重复认证等。以新能源汽车政策为例，地方保护直接导致全国 70%的地方市场外地新能源汽车难以进入。偏向本地企业、限制外地企业的技术标准和准入政策，严重损害了企业间的公平竞争，阻碍了行业健康发展，不利于最好的技术标准从市场竞争中脱颖而出，也不利于发挥我国市场规模优势。

二是采取专门针对外地商品的行政许可，限制外地商品进入本地市场。一些地方通过设置不合理的行政许可，对外地商品在本地销售施加严苛的限制条件，或者直接将外地商品阻挡在本地市场之外，或者通过提升外地商品在本地市场销售的成本，降低外地商品竞争力，达到保护本地商品的目的。其结果是保护了本地低效率、高成本的企业，消费者不得不承受更高价格，福利受到严重损害。

三是设置关卡或者采取其他手段，阻碍外地商品进入或者本地商品运出。随着我国市场体系不断完善和法制建设的不断推进，以物理方式设置关卡实施地区封锁的行为已日渐稀少。但是，各地政府以各种方式明里暗里限制外地商品进入的行为仍然存在，甚至用红头文件的方式阻碍外地商品进入。2015 年某市以红头文件“扶持本地企业发展，推广本地企业产品”，不让辖区内参与项目建设的建筑企业使用外地商品混凝土。这种行为既不利于下游企业低价获取相关产品，也不利于通过竞争压力推动上游企业降低成本提升效率。

四是强制要求外地企业进入本地经营时在本地设立分支机构。一些地方出于把税收留在本地的目的，强制要求外地企业在本地开展各项业务时在本地登记注册，否则就通过各项政策加以限制，使其无法正常开展业务。这种以获取税收为目的强制要求外地企业设立分支机构的行为，严重损害了企业的自由选择权，抬高了外地企业的制度性交易成本，造成了本地企业和外地企业之间的不公平竞争。

五是限制外地企业参与本地项目投标。一些地方为了促进本地企业发展，在本地项目招标中设置不合理限制条件，限制外地企业参与本地项目投标。对当地企业执行不同于其他企业或项目的质检程序、环保标准、处罚标准。

在公共项目招投标过程中，招标主管机构与投标企业或机构合谋，人为设计串标、陪标及各式排他性的“隐形门槛”，甚至明确要求选定本地企业为中标人。限制外地企业参与本地投标的行为直接限制了市场竞争，造成了人为的市场分割。

六是歧视性的备案或审批手续。一些地方政府对于外地企业进入本地市场设置了不合理的备案或审批手续。比如，某市规定凡外省、外地市勘察设计企业，必须办理进入该市承担勘察设计业务合同备案，每一个项目须登记一次，外地企业设立的分支机构不予办理勘察设计合同备案手续。要求外地企业办理备案或审批手续提高了外地企业的交易成本，加上办理过程中的一些刁难和拖延，在市场中形成了不公平竞争。

2. 歧视性支持政策

歧视性政策优惠主要反映为各级政府在招商引资、扶持产业发展过程中，针对不同企业或其他市场主体设置歧视性的政策。从内容看，包括歧视性政策补贴、歧视性税收优惠、歧视性政府采购政策、歧视性融资和信贷政策、歧视性政府定价政策和歧视性能源环境政策等。从设置标准和依据看，包括地域歧视、行业歧视、所有制歧视、规模歧视和组织类型歧视。下面按后一分类作简要分析。

一是地域歧视。主要反映为政府在对企业实施财政补贴或奖励时，按照所有制或地域进行划分，把企业分为三六九等，有的补贴，有的不补贴；有的补贴多，有的补贴少。这样，因政府补贴或奖励的差异，不同企业在其成本和收益方面会有所不同，从而形成不公平竞争，低成本、高效率、有竞争力的企业反而可能在市场竞争中落败。地域歧视，尤其是经济发达地区设置的地域歧视既违背了公平竞争原则，又违背了先富带动后富的发展目标，加剧了地区之间的不平衡。

二是所有制歧视。所有制歧视是政府在制定政策时，在财税、金融、土地、环保等方面向公有制企业倾斜，从而违背了公平竞争原则，挤压了非公有制企业的生存空间，打击了相关企业的信心和积极性。在所有制歧视下，民间资本很难获得公平、均等的机会，不合理的市场准入限制随处可见，公平的市场竞争环境始终难以形成。国有资本投向已逐渐偏离国家安全和国民经济命脉的重点行业和关键领域这一目标，进入与民争利的一般竞争性领域，存在过度追逐经济效益的倾向。近年来民营企业活力不足，民间投资增速下滑与此有一定关联。

三是规模歧视。规模歧视在一些支持性政策中较为普遍。一些部门希望通过政策支持来扶持行业内的大企业，进而由龙头企业带动整个行业发展。相关政策往往涉及财政、税收、融资以及能源环境等诸多领域。比如，有文件规定，“各级企业技术改造或转型升级专项资金、中小企业发展专项资金、基金及服务体系建设资金，对产业集群龙头骨干企业……优先给予资金支持”。选择性的补贴政策不仅在市场中制造了不公平竞争，还可能对企业造成错误引导，使企业更加关注政策补贴，而不愿意通过真正的竞争优势来获取利润，忽视了创新和管理能力的提升。

四是组织类型歧视。某市创业促进政策关于不同类型的组织有不同规定。例如，初创期创业场地房租补贴政策在 2009 年把“劳务派遣公司以及非正规就业劳动组织”排除在外。开业贷款利息补贴政策规定“贴息期限一般最长不超过三年”，但劳动密集型小企业的“贷款期限不超过两年”。组织类型歧视违背了公平竞争原则，影响了市场的多元化、多样化发展，导致资源和要素无法以最低成本或最有效率的方式在不同企业间配置。

3. 直接限制竞争的行政行为

除了政府的一些歧视性政策之外，还有一些部门在制定政策时直接限制了市场主体之间的竞争。这些政策的表现形式包括禁止交易、捆绑交易、指定交易等。其中，禁止交易是政府以行政权力禁止市场主体参与某一类型或某项具体市场交易。捆绑交易是指政府没有正当理由以政策或文件在某项交易中搭售商品，或者在交易时附加其他不合理的交易条件。指定交易是指滥用行政权力，限定或变相限定单位或个人经营、购买、使用其指定的经营者提供的商品或服务。

这里以指定交易为例来说明政府直接限制竞争的行政行为。比如，某省一家投资公司欲用其在某县的土地房屋资产作抵押从银行贷款，银行委托一家资产评估公司做了资产评估，并出具了评估报告。当该投资公司向某县房产局申请抵押登记时，被告之要重新评估，并指定由当地的一家评估事务所评估。指定交易的行为严重损害了公平竞争，使外部企业无法进入市场，而指定交易的对象不需要承担任何竞争压力。限制了更有效率的企业提供产品或服务，而实际提供产品或服务的企业推动降低成本、提升产品和服务质量、创新产品和工艺的动机减弱，最终社会福利和消费者剩余都将遭受严重损失。

（三）经济政策排除和限制竞争的主要危害

1. 导致资源错配

资源合理高效配置是经济持续稳定增长的重要前提，只有生产要素进入了那些生产最有效率、边际回报最高的行业和领域，一国经济才可以实现更有效率、更高质量的发展。市场竞争的一个重要目标就是促进要素和商品自由流动，这既是统一市场建设的基本要求，也是市场有效配置资源的必要前提。但在各地发展经济的具体实践中，一些不合理的经济政策严重损害了市场竞争，导致了较为严重的资源错配。一方面，一些地方出于追求地方利益或官员个人政绩，人为设置市场壁垒，阻碍了区域市场一体化进程，影响了全国统一大市场的形成，导致生产要素无法实现跨行政区划的最优配置。另一方面，一些部门为实现不合理的经济目标，制定歧视性政策或违法实行优惠政策，使部分行业、部分市场主体集聚了过多的生产要素，导致要素回报低下，在部分行业和地区甚至出现了大量僵尸企业。相关政策引发的资源错配，造成了社会资源的严重浪费，带来了较大的经济损失。

2. 扭曲市场价格

限制竞争行为往往通过自身市场支配地位的滥用实行垄断高价或者垄断低价，扭曲市场的价格机制。垄断者往往可以利用其市场支配地位，在将其产品出售给下游企业时制定不公平的垄断高价，在采购上游供货商提供的产品时制定不公平的垄断低价。具有市场支配地位的商品或服务提供商还可能实施歧视性定价，在向不同的接受者提供相同等级、相同质量的商品或服务时，在接受者之间实行不同的销售价格或收费标准。当垄断者实施价格歧视时，下游企业往往承担了更高的成本。扭曲的价格机制会造成恶性竞争，扰乱正常的市场竞争秩序，使得遵守竞争秩序和法规的市场参与者在与市场竞争秩序破坏者的竞争中处于劣势，进而导致利益的不公平分配。

3. 损害社会福利

通过经济政策限制和排除竞争的做法，往往会给社会福利带来严重的损害，尤其是无谓损失的增加，垄断造成的福利损失主要包含三个方面的内容：一是垄断的净福利损失，是指忽略垄断定价的分配效应，单纯考虑与完全竞争相比垄断所造成的总体社会福利损失。二是寻租成本或租金耗散，是指垄断企业为了获取并维持其垄断地位从事的一种非生产性寻利活动需付出的成本，这部分收益既没有进入消费者剩余，也没有进入企业的利润，而是以一定的形式自我消耗掉了。三是内部效率损失，是指垄断企业因为缺少外部竞争压力而导致管理、生产、销售等方面的低效率所造成的损失。内部效率损失可能表现为员工激励机制欠缺，管理水平低下，研发和技术革新动力缺失（见图 1-2）。

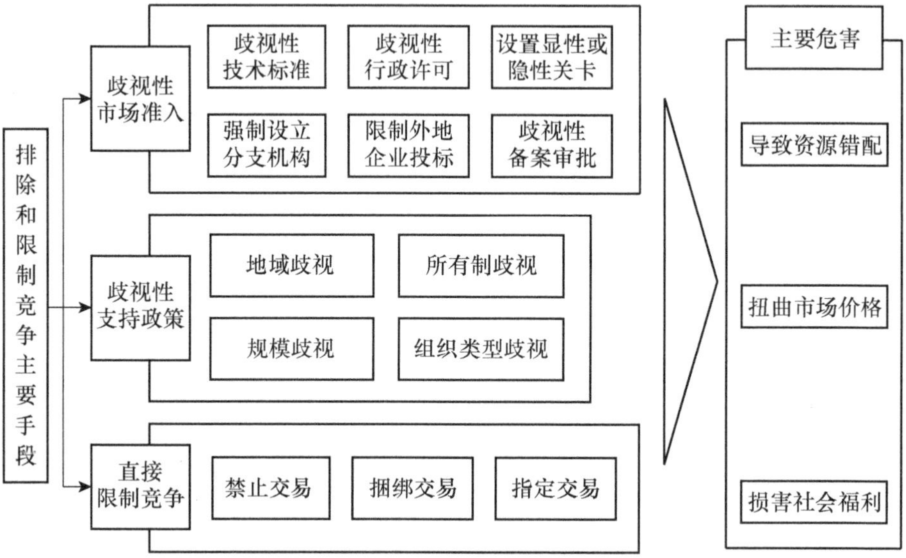

图 1-2 经济政策排除和限制竞争的主要做法及危害

资料来源：作者根据相关文献整理总结。

五、我国推进竞争政策实施的制度障碍

当前，我国竞争政策基础地位尚未完全确立，竞争政策实施仍面临一定的制度障碍，这与我国经济的转轨特征、发展阶段和发展环境密切相关，有着深刻的法律、制度、市场体系和社会规范方面的原因。

(一) 维护公平竞争的法治环境尚不完善

公平竞争是市场经济的重要原则，而市场经济是法治经济，竞争政策的推行有赖于良好的法治环境。当前，我国法治环境不完善是公平竞争缺失的重要原因。

首先，保障竞争政策实施的法律法规尚不完善。尽管我国先后通过了《中华人民共和国反不正当竞争法》（以下简称《反不正当竞争法》）和《反垄断法》，力图通过以法律的形式来规范市场主体的竞争行为，但相关法律还存在几方面问题。一是法条过于抽象，相关规定的原则性强，而操作性弱，还需要推出相应的配套细则和具有可操作性的补充立法。二是竞争法律和其他方面的法律仍存在法条竞合的问题，比如，在对价格垄断行为的处罚上，《反垄断法》与《中华人民共和国价格法》（以下简称《价格法》）存在竞合问题。

其次，竞争执法部门的权威性有待进一步加强。目前，我国竞争领域的行政执法由不同部门负责，现有的竞争执法部门都是厅局级业务部门，在对一些副部级的国有企业进行行政执法时，往往会因行政级别不够高而难以维护竞争法的权威。

最后，对违反竞争法的行为处罚力度不够。对违法行为的合理处罚一方面可以补偿市场主体不正当竞争行为给其他人带来的损失，另一方面可以震慑市场主体的违法行为。目前，竞争法领域存在违法成本过低的问题。一是对企业反竞争行为的经济处罚力度偏小。已有的反垄断案件中，多数是按照《反垄断法》规定的1%这一比例下限作出处罚。二是未对反竞争行为的刑事处罚作出明确规定，影响了反垄断法的震慑力。

（二）维护公平竞争的体制障碍依然存在

竞争政策的实施需要有良好的体制保障，目前我国部分领域的体制不利于培育竞争文化，成为制约竞争政策实施的障碍。

首先，事权与支出责任不相匹配的财税分权体制导致地方保护盛行。当前分税制下有财权不断上收趋势，不规范、不透明、成本高、效率低的财政转移支付制度进一步加剧了地方财政困难。地方政府之间的竞争引发了地方保护，主要表现为某些地区或者禁止本地区的资源、技术、人才流向外地，或者通过设置关卡等不合理手段阻碍外地商品进入本地，或者以不正当的歧视性方式抬高外地商品进入本地的门槛。地方保护主义在不同的行政区划之间设置了无形的市场壁垒，阻碍了全国统一市场的形成，成为公平竞争的巨大障碍。

其次，部门分割现象导致公平竞争难以有效推行。部门分割表现为政府主管部门和行业协会利用行政上的隶属关系限制本部门、本行业的经营者与其他部门、行业的交易，或是以合谋的方式，操纵价格、划分市场。比如，在一些行业，行业协会利用其特殊地位，通过发布行业协会规则、通知、召集本行业经营者达成价格协议。国家发展改革委查处的一些价格垄断案中，行业协会就在企业的价格垄断中扮演了不恰当的角色。

最后，腐败成为制约市场主体公平竞争的重要因素。腐败不仅是政治领域的毒瘤，也是经济领域的蛀虫。比如，腐败易导致不公平的市场准入。一些涉及市场准入的行政审批一旦出现腐败，就会产生大量的寻租行为和裙带关系，企业难以公平地开展竞争。再如，腐败易成为招投标中不公平竞争的根源。招投标中的串标和官商合谋，往往导致高效率低成本的企业在竞争中输给那些不具优势的企业，这往往与腐败密切相关。

（三）促进公平竞争的社会信用体系尚不健全

信用是市场经济的基石，健全社会信用体系是促进市场公平竞争的必要条件。我国鼓励竞争的社会信用体系尚不健全，在一定程度上制约了竞争政策实施。

一方面，社会信用体系有关的法律和制度建设有待加强。一是法律不健全。方法方面，尚未制定专门的法律来全面规范信用信息的公开和使用、信息主体的权益保护，相关部门及地方规章建设水平不一。执法方面，企业制假售假、商业欺诈、逃债骗贷现象仍然突出，不少行为不能依法受到惩处。二是社会信用制度存在不足。表现为国家信用监管职能分散、行政管理的条块分割限制了信用信息的共享，守信激励机制不健全、失信惩戒机制薄弱等。

另一方面，建立在社会信用基础上的奖惩机制仍不完善。在市场竞争中，没有给诚实守信者提供发展机遇和发展空间的激励，其公平竞争的行为难以通过现有的信用体系为其他市场主体认知，无法为其创造可观的经济收益。惩戒失信违约行为的有力措施欠缺，失信成本过低，失信者的发展机会、利益没有因失信行为而受到限制或损失。奖惩机制未建立导致市场主体陷入“囚徒困境”，竞相钻法律和制度的空子，采取不正当手段参与市场竞争。

（四）统一健全的市场监管体系尚未形成

竞争政策与规制政策相辅相成，当前我国的市场监管正从传统型向现代治理型演进，统一健全的市场监管体系尚未形成是竞争政策实施面临的重要问题。

第一，监管部门缺位与过度监管现象并存。在我国，特定行业监管职能无论由单一机构承担还是由多个机构共同承担，市场准入、服务质量、投资审批、价格核定等往往都是由多个部门参与，职能分割与重叠情况比较普遍，导致管制失灵。监管职能分割可能导致在市场监管过程中，各部门有利益时互相争权，需要承担责任时又相互推诿，其结果是监管缺位与过度监管并存。

第二，监管规则、程序、方法均需进一步完善。公平竞争要求市场中存在统一公平的市场规则，这不仅是对市场规则的要求，也是对市场监管的要求。在我国市场监管存在规则不清、程序含糊、方法陈旧等问题。在监管方法上，主要采用传统的监管模式，激励性监管方法使用不足。上述问题造成行政的自由裁量权过大，立法、司法和市场力量难以形成有效的监督和制衡，监管部门可能会在决策过程中偏袒某些特定的市场主体，影响公平竞争。

第三，决策机制不够公开透明。现代监管应该是基于规则的监管，规则既是监管行动依据，也是被监管者与消费者权益的保障。当前的监管决策过程中，决策机制不够公开透明，决策的原则、依据、程序、时间节点不能主动公开，导致市场主体对政府监管行为难以形成正确的预期。不同主体因其与监管部门联系的密切程度不同，掌握的信息也有所不同，市场主体之间难以真正做到公平竞争。

六、我国竞争政策实施的总体思路及具体路径

竞争是市场机制的灵魂，竞争政策是经济政策的基石。要真正使竞争机制成为提高资源配置效率、激发经济发展活力的有效手段，使竞争政策成为

推动供给侧结构性改革，培育壮大经济发展新动能的有力支撑，必须进一步强化竞争政策地位，完善竞争政策实施。基于以上分析，我们提出竞争政策实施的总体思路和具体路径如下。

（一）总体思路和基本原则

为全面推动竞争政策落实，以竞争政策约束市场主体行为，规范政府政策制定，我们提出了如下竞争政策实施的总体思路：

围绕使市场在资源配置中起决定性作用和更好发挥政府作用，明确竞争优先目标，完善竞争法律制度，健全竞争政策体系，以破解经济运行的结构性矛盾，提高经济运行效率为目的，以预防和制止垄断行为，保护市场公平竞争为重点任务，确立竞争政策基础地位，建立竞争政策协调机制，推动竞争政策有效实施，通过公平竞争审查消除经济政策排除和限制竞争的各种做法，促进商品和要素自由流动、公平交易、平等使用，加快建设统一开放、竞争有序市场体系，为供给侧结构性改革和经济持续健康稳定发展营造良好市场环境。

结合我国当前所处的发展阶段和基本国情，以及我国竞争政策的基本目标，我们提出如下竞争政策实施的基本原则：

尊重市场，竞争优先。尊重市场经济规律，处理好政府与市场的关系，以竞争政策规范各类经济政策，促进和保护市场主体公平竞争，保障市场配置资源作用和政府管理经济作用得到更好发挥。

法治先行，依法依规。加强竞争政策与现行法律体系和行政管理体制的衔接，加快推进各项补充立法工作。建立健全竞争政策实施的保障机制，加强社会监督和执法监督，及时纠正滥用行政权力排除、限制竞争的行为。

突出特色，改革创新。结合我国竞争政策实施的制度基础和宏观环境，发挥竞争政策在落实发展新理念、推进供给侧结构性改革、培育壮大发展新动能等方面的积极作用，强化问题导向和目标导向，创新政策实施的方法和路径。

立足国情，统筹推进。着力破除各类限制和排除竞争的行为，逐步清理废除妨碍全国统一市场和公平竞争的存量政策，加强竞争政策与各类政策之间的协调。着眼长远，做好整体规划，分阶段、分步骤地推进和完善。

（二）重点任务

在总体思路指引下，形成了“建立一个体系、加强三大建设、落实三项任务和完善五大保障”的竞争政策重点任务。

1. 建立以竞争政策为基石的政策体系

落实竞争政策在政策体系中的基础地位。提升竞争政策在经济政策体系中的地位。把公平竞争作为政策制定的基本理念，逐步形成“竞争统帅、公平为本、效率为先”的政策环境。把维护市场公平竞争、预防和制止垄断行为作为各类经济政策的重要目标。逐步淘汰各类政策中具有限制和排除竞争影响的政策工具。减少并逐步消除各类政策中有违公平竞争的政策措施。

建立健全竞争政策与其他政策的协调机制。建立“竞争为先”的协调原则，贯彻以竞争促进效率提升和经济发展的理念，明确竞争政策的优先地位。建立竞争政策与其他政策之间的事前协商制度。构建竞争政策主管部门与其他政策主管部门之间的沟通协调机制。加强竞争政策主管部门对各类政策竞争影响分析研判的指导。严格执行公平竞争审查的例外规定。

2. 强化竞争政策领域三大建设

(1) 以健全法律法规为核心加强制度建设

适时推动《反垄断法》修订工作。总结《反垄断法》实施的成功经验和实施过程中遇到的主要问题，明确现行《反垄断法》存在的不足。结合新常态下经济发展遇到的新问题，以及创新创业激发的各类新技术、新业态、新模式、新产业，发现反垄断工作面临的新课题。以适应新形势、解决新问题为目标，适时推动《反垄断法》修订工作。完善滥用行政权力排除、限制竞争等重点领域法律条文。将公平竞争审查等竞争政策重点内容纳入《反垄断法》。针对形势变化，及时修订《反垄断法》各项配套法规和政策。

制定完善专门领域反垄断指南。有效发挥反垄断指南在引导政策预期、事前防范垄断行为方面的积极作用。就经营者集中、垄断协议、滥用市场支配地位等领域典型问题，制定完善横向并购、纵向并购、纵向约束、滥用市场支配地位等方面的反垄断指南。针对垄断行为较为普遍或有一定特殊性的行业，制定完善特定行业反垄断指南。针对知识产权等特定问题，制定完善相关专门领域反垄断指南。针对网络经济、平台经济、共享经济等新经济形态，制定完善相应的反垄断指南。

制定完善反垄断实施细则、执法程序和处罚相关规定。不断增强《反垄断法》的可操作性。制定完善垄断协议豁免、横向垄断协议宽大制度、反垄断案件经营者承诺指南。完善经营者集中申报、审查、简易案件、附加限制性条件等方面的规定。完善查处垄断协议、滥用市场支配地位案件程序规定。制定认定经营者垄断行为违法所得和处罚标准指南。制定完善未按规定申报经营者集中的处罚规定。

(2) 以完善执法体系为核心加强组织建设

建立统一、独立、专业、权威的反垄断执法机构。为应对当前竞争政策实施中面临的问题，必须建立一个统一、独立、专业、权威的反垄断执法机构。统一是指将目前分散在不同部门的反垄断执法职能统一起来，由一个集权的反垄断机构承担所有的反垄断职责，以消除职能上的交叉，确保反垄断执法的高效率和有效性。独立是指反垄断执法机构不应该受到任何其他政府部门的干涉，只向国务院负责，有独立的工作人员和预算，否则将无法承担起反行政垄断之责任。专业是指反垄断执行人员必须具备必要的专业知识和技能以应对竞争法相关的法律和经济问题。权威是指反垄断执法机构必须在政治体系中享有较高地位，以具备调查、听证和问责的权力，确保其不受其他政府部门的干涉。

加强组织协调。在新的统一的反垄断执法机构建立以前，务必加强现有各反垄断执法部门之间的协调。国务院反垄断委员会、国家发展改革委、国家市场监督管理总局、商务部要发挥职能作用，组织、协调、指导竞争政策实施工作，及时调查、评估市场总体竞争状况，为推进和逐步完善公平竞争审查制度奠定坚实基础。各地区、各部门要按照确立竞争政策基础地位的要求，加强实施竞争政策的组织领导，按照职责分工，有针对性地制定具体方案和实施办法，全面推动本地区、本部门竞争政策的落实工作，不断完善市场竞争规则，建立综合部门和行业主管部门联动的工作机制，加快形成统一开放、竞争有序的市场体系。

强化能力建设。充实执法力量，加强业务培训，优化干部年龄结构和知识结构，建设高素质、专业化的执法队伍。合理保障技术投入，提高现代科技手段在执法办案中的应用水平。结合实际需要和财力可能，统筹安排执法能力建设经费，并通过优化支出结构、提高资金使用效益予以合理保障，推动人财物等资源向基层倾斜，加强基层执法能力建设。

（3）以加强竞争倡导为核心加强文化建设

全面培育竞争文化。进一步加强公平竞争的宣传教育，通过多种传播渠道，倡导公平竞争，宣传反垄断知识和理念。通过公示典型反垄断案例，强化警示作用，在全社会形成促进公平竞争的文化和市场环境。推动企业加强反垄断合规工作，自觉维护公平竞争的市场环境。强化公众公平竞争意识，倡导公平竞争观念，培育公平竞争文化。强化政策制定者的公平竞争意识，将公平竞争审查纳入政绩考核，鼓励各级政府在公平竞争审查中进行提升效率、改善效果的政策创新。

做好宣传教育。改革传统计划经济思维和惯性，规范和约束政府行为，推进诚信守法、公平竞争。要充分利用各种新闻媒介，加大对竞争政策的宣传解读力度，及时解答和回应社会关注的热点问题，宣传公平竞争知识和典型案例，增进全社会对公平竞争审查制度的认识和理解。充分发挥社会舆论监督作用，推动形成市场性、社会性约束和惩戒，在全社会形成关心竞争、支持竞争、参与竞争的良好氛围。

3. 完善以三大任务为重点的竞争政策实施框架

（1）加强常规领域反垄断执法

推动反垄断执法常态化。充分调动各方参与反垄断工作的积极性，建立健全垄断案件线索收集机制。进一步壮大反垄断执法队伍，提高反垄断执法水平，不断加大执法部门在经营者集中审查、查处垄断协议和滥用市场支配地位方面的力度。充分发挥专家学者的决策咨询作用，不断提高反垄断执法工作科学性。提高执法服务水平，完善对市场主体的反垄断政策咨询。依法推进政务公开，完善反垄断执法工作信息公开制度。

加强重点领域执法。重点查处对社会福利影响大、消费者反响强烈、竞争机制作用缺失相关领域垄断行为。加大对滥用知识产权排除和限制竞争案件的查处力度。巩固已查处反垄断案件在促进竞争方面的成果。

加强执法部门之间的协调。完善中央政府层面反垄断执法部门对地方政府层面相关机构的授权机制，明确地方机构在信息收集、案件调查、证据收集、作出裁决和实施处罚等方面的权限和职能。加强行政执法部门和法院之间的沟通，促进相关部门之间在执法理念和力度等方面的协同。在涉及知识产权、电信、互联网以及电子商务等特定领域的案件时，加强行政执法部门与行业部门之间的沟通。在推进公平竞争审查时，明确竞争政策主管部门的权威性，加强竞争政策与产业政策、投资政策等的协调。

（2）建立完善反国企垄断的规则体系

明确反国有企业垄断的基本原则和目标。综合考虑国有企业改革的基本思路和总体目标，竞争政策基础地位的基本内涵和目标体系，明确反国有企业垄断的基本原则，即当国有企业发展改革目标与反垄断目标一致时，完全适用反垄断法；当二者目标存在冲突时，如果国有企业发展改革目标能够以不破坏竞争的方式实现，则仍适用反垄断法，如果不能，可实施豁免。在上述原则下，明确反国有企业垄断的目标是通过竞争机制提升国有企业的资源配置和利用效率，通过外部竞争压力提升国有企业治理能力，以此改善国有企业经营绩效，不断提升国有企业的影响力、控制力和活力。

推动国有企业在竞争政策领域的分类管理。按照国有企业职能和经济特性，把国有企业分为三类。承担部分政府行政职能的国有企业划为政府企业，如中国国家铁路集团公司；关系国民经济命脉和国家安全行业中的国有企业划为特殊类型企业，如部分军工企业；竞争性行业中的国有企业划为一般企业。结合国有企业改革进程和相关行业技术特点、经济特性变化的趋势，对相关分类实施动态调整。

建立分类实施的反国有企业垄断规则体系。在上述分类基础上，对于政府企业，借鉴公平竞争审查制度，避免其滥用市场势力危害公共利益。对于特殊类型企业，可实施部分豁免，逐步建立起豁免实施的规则、程序和评估机制。对于一般企业，完全适用针对企业实施的各种常规反垄断规则和程序。在深入调查研究的基础上，逐步完善上述规则体系，并通过立法的形势明确相关规则的法律地位，强化反国有企业垄断的制度保障。

（3）围绕事前防范与事后规范加强反行政垄断执法

全面落实增量政策公平竞争审查。把公平竞争审查作为消除排除和限制竞争的各类经济政策的总抓手。制定公平竞争审查实施细则，明确公平竞争审查的内容、程序、方法。加强对各部门、各地区实施公平竞争审查制度的督导。引入公平竞争审查第三方评估制度。总结公平竞争审查实施的成功经验，并在政策制定过程推广应用。适时评估公平竞争审查的实施成效，强化对公平竞争审查实施不力的部门和地方的责任追究。

积极推进存量政策公平竞争审查。摸排存量政策中限制和排除竞争的主要做法，评估相关政策负面影响。根据不同政策负面效应大小、市场主体反响情况、问题暴露程度，分类施策，有序清理和废除妨碍全国统一市场和公平竞争的各类政策。结合宏观经济总体情况和不同区域、不同行业发展态势，按照立即清理、设置过渡期、政策到期自动废止等方式积极推进存量政策公平竞争审查。

制定公平竞争审查例外规定的规则体系。明确适用例外规定经济政策的具体范围、判定标准、解释权限和程序。明确政策措施对于实现政策目标的不可或缺性、不严重影响竞争、有具体实施期限等例外规定适用的三大要件，提出相关要件的成立条件和分析框架。建立针对依例外规定出台的相关政策的事后评估机制，定期评估政策的实施效果、对竞争的影响以及是否仍然适用例外规定。针对不再适用例外规定的政策建立清理退出机制。

加大行政垄断案件查处力度。大力查处滥用行政权力排除、限制竞争案件，着力破除地方保护和区域封锁，打破滥用行政权力制造的市场壁垒，清理违法给予市场主体的各项优惠政策，促进全国统一开放、竞争有序市场体系建设。全面巩固行政审批体制改革效果，防止取消或下放的行政审批权反弹。清理前置审批相关的有偿中介服务，废除各类“红顶中介”，允许更多中介机构提供无歧视性的、可竞争性的中介服务。清理和规范政府主管部门在集中采购、公共工程招投标过程中的失范行为。清理和废除各类源自行政权力的垄断经营，杜绝以上游资源换下游市场的行政垄断行为。

4. 以五大保障促进竞争政策落实

完善促进公平竞争的法治环境。理顺《反垄断法》《反不正当竞争法》《价格法》《中华人民共和国招标投标法》（以下简称《招标投标法》）之间的关系，解决法条竞合问题。确立反垄断法的权威地位，避免在经济政策制定过程中行政权力高于法律条文的现象出现，减少反垄断法实施过程中遇到的阻力。逐步解除行业协会与行业主管部门之间的隶属关系，消除其利益关联，确立行业协会在促进竞争方面的行为规范。消除行政审批、招标投标等领域的腐败行为，切断相关领域的利益输送。

建立统一健全的市场规则体系。建立健全社会信用体系，不断完善社会信用方面的法律法规和各项制度，加强信用基础设施建设，奠定公平竞争的信用基础。强化企业信用评价和评价结果的应用，把企业竞争行为与企业信用挂钩，加强对企业竞争行为的约束。不断完善市场监管体系，加强竞争政策与规制政策之间的协调。建立规则统一、公开透明、多元共治的市场监管体系，进一步完善自然垄断行业的监管规则、监管程序和监管方法，明确监管部门在促进公平竞争方面的职责，推动监管决策中的竞争影响评估。

推进配套改革。加快推进国有企业改革，为国有企业反垄断规则体系的建立和分类推进奠定基础。进一步推进财政体制改革，消除地方政府实施地方保护的财政激励。全面深化金融、科技、能源、环境、土地等领域的改革，消除各种经济政策排除、限制竞争的体制诱因。推动依法行政相关改革，加强对滥用行政权力排除、限制竞争行为的约束。

建立专业智库。按照确立竞争政策基础地位的要求，建立竞争政策和反垄断研究的专业智库。研究确立竞争政策基础地位过程中面临的新形势、新问题，以及解决问题的新思路、新方法。结合新的经济形势和新的发展理念，研究竞争政策促进供给侧结构性改革、推动发展动能转换的具体路径。结合新的产业特征和产业形态，研究竞争政策落实创新发展理念，促进大众创业、万众创新的实施路径，在网络经济、双边市场、知识产权等领域的实施方式。围绕经济学的新进展和国外反垄断工作的新发展，研究竞争政策国际合作的相关问题。

加强政策评估。加强竞争政策实施中具体案件的经济学分析，重点加强相关市场界定、市场份额计算、竞争效应分析等问题中的经济学分析，不断提高反垄断执法的科学性。对于已经实施的政策和已经执行的案件，加强事后的政策评估，通过评估识别竞争政策的积极影响，完善竞争政策的实施方法。在政策评估中引入第三方，保证评估的客观性。

（三）时间表和路线图

在明确竞争政策实施的总体思路、基本原则和重点任务基础上，我们结合竞争政策实施的现状、重点任务推进的难度、国内经济社会发展和制度环境变化的总体情况，提出竞争政策实施的时间表和路线图（表 1-8）。其中，近期为 1～3 年，中期为 3～5 年，远期为 5 年及更长的时间范围。

表 1-8　我国竞争政策实施的时间表和路线图

重点任务		近期	中期	远期	责任主体
一个体系		明确思路	分步推进	全面形成	中央政府统筹 各级人民政府贯彻 反垄断执法部门推进
三大建设	制度建设	补充立法	修订，补充，完善		全国人大法工委 国务院法制办 反垄断执法部门
	组织建设	机构调整	能力建设	治理融合	中央政府统筹 中央编办设计 反垄断执法部门落实
	文化建设	持续推进			政府部门 社会组织 新闻媒体
三项任务	常规领域反垄断	持续推进			反垄断执法部门 各级人民法院
	反国企垄断	研究探讨	制度设计	贯彻落实	中央政府明确思路 反垄断执法部门和国资主管部门统筹推进
	反行政垄断	增量审查	存量审查	持续推进	各级人民政府 反垄断执法部门

资料来源：作者整理总结。

明确建立竞争政策具有基础地位的政策体系的近中远期目标。近期由中央政府统筹当前经济社会发展的各项任务和体制改革的总体进程，明确确立竞争政策基础地位的总体思路；中期由各部门明确各自分管政策在新的政策体系中的定位，相关政策与竞争政策的关系和协调方式，由竞争政策主管部门明确政策体系形成的重点举措，并具体负责分步推进，逐步落实；远期目标是在各部门的共同努力下，全面形成竞争政策确立基础地位的政策体系。

针对竞争政策领域三大建设，要加强问题导向和目标导向，综合考量，加快推进。制度建设方面，近期重点工作是由反垄断执法部门结合产业形态变化和具体工作需要，继续加强反垄断补充立法；中远期在全国人大法工委、国务院法制办和反垄断执法部门的共同努力下，结合反垄断法实施近十多年以来的经验教训，逐步推进《反垄断法》的修订工作，并推动相关法律法规的修订、补充和完善工作。组织建设方面，近期力争推动建立统一、独立的反垄断执法机构，完善竞争政策主管部门的组织体系；中远期不断推动组织体系的能力建设，以提高竞争政策主管部门的权威性、专业性为目标，按照工作需要逐渐增加人员编制，围绕经济学分析和法律分析能力提升人员素质；远期不断动态调整竞争政策主管部门和各经济职能部门的政策执行协调机制，实现我国市场经济治理工具手段的融合共进。文化建设方面，要把竞争倡导和竞争文化的推广作为一项长期工作，不断提高全社会的公平竞争意识和理念。

针对竞争政策的三大任务，要分类施策，统筹推进。常规性反垄断方面，要围绕推动反垄断执法常态化这一目标，持续推进，反垄断执法部门要在总结前期办案积累经验的基础上，不断完善执法思路和方法，各级人民法院要发挥私人诉讼在反垄断执行中的积极作用。反国有企业垄断方面，考虑到当前正处于国有企业改革的攻坚阶段，近期需要集中精力按照中央部署，切实推进国有企业改革，研究探讨国有企业反垄断政策及其与规制政策的协调配合；中期在国有企业改革取得进展的基础上，由反垄断执法部门和国资主管部门加强制度设计，共同确立反国有企业垄断分类管理的基本思路、明确分类标准，逐步形成反国有企业垄断的执法原则、程序和方法；远期要不断推动反国有企业垄断工作落实。反行政垄断方面，近期重点工作是推动增量政策的公平竞争审查，在各部门、各地方确立公平竞争审查的意识，帮助政策制定人员理解公平竞争审查的原理和方法，逐步落实到实际工作中去；中期应逐步推动存量政策的公平竞争审查，清理和废除一些具有排除和限制竞争影响的不合理政策；远期就实现公平竞争审查和反行政垄断执法工作的常态化，全面消除滥用行政权力排除、限制竞争的行为。

参考资料目录

[1] Implementation of Government's National Industrial Policy Framework：Industrial Policy Action Plan [R]. Department of Trade and Industry，2007.

[2] HOEKMAN B，HOLMES P. Competition Policy，Developing Countries and the WTO [J]. The *World Economy*，1999，22（6）：875－893.

[3] OECD，World Bank. *A Framework for the Design and Implementation of Competition Law and Policy* [R]. Washington，D. C，1998.

[4] William Kovacic，Cyril Lin，Derek Morris. *Accelerating China's Growth by Strengthening Competition：Some International Perspectives* [M]. Beijing：CITIC Press Group，2017.

[5] DUNHAM W R. The Determination of Antitrust Liability in United States V. Microsoft：The Empirical Evidence the Department of Justice Used to Prove Its Case [J]. Journal of Competition Law and Economics，2007，2（4）：549－671.

[6] KAPLOW L，SHAPIRO C. Antitrust [M] //Handbook of Law and Economics. Amsterdam：Elsevier，2007：1073－1225.

[7] WHINSTON M. Lectures on Antitrust Economics [M]. Cambridge：the MIT Press，2006.

[8] BAI C-E，TAO Z，TONG Y S. Bureaucratic Integration and Regional Specialization in China [J]. China Economic Review，2006，19（2）：308－319.

[9] FELS A. The Australian Competition Policy Reforms—at the Second Oslo Competition Conference [C/OL].（1998－06－15）[2019－03－01].

https://www.accc.gov.au/system/files/THE%20AUSTRALIAN%20COMPETITION%20POLICY%20REFORMS.pdf.

[10] FOX E M. Anti-Monopoly Law for China—Scaling the Walls of Government Restraints [J]. Antitrust Law Journal, 2008, 75 (1): 173-194.

[11] GUO Y, HU A. The Administrative Monopoly in China's Economic Transition [J]. Communist and Post-Communist Studies, 2004, 37 (2): 265-280.

[12] HERING L, PONCET S. Market Access and Individual Wages: Evidence from China [J]. The Review of Economics and Statistics, 2010, 92 (1): 145-159.

[13] NAUGHTON B. How Much Can Regional Integration Do to Unify China's Markets? In Nicholas Hope, Dennis Yang, and Mu Yang Li, eds. How Far Across the River? Chinese Policy Reform at the Millennium [M]. Stanford: Stanford University Press, 2003: 204-232.

[14] PONCET S. Measuring Chinese Domestic and International Integration [J]. China Economic Review, 2003, 14 (1): 1-21.

[15] PONCET S. A Fragmented China: Measure and Determinants of Chinese Domestic Market Disintegration [J]. Review of International Economics, 2005, 13 (3): 409-430.

[16] WANG X. Highlights of China's New Anti-Monopoly Law [J]. Antitrust Law Journal, 2008, 75 (1): 133-150.

[17] HUANG Y. Pursuing the Second Best: The History, Momentum, and Remaining Issues of China's Anti-Monopoly Law [J]. Antitrust Law Journal, 2008, 75 (1): 117-131.

[18] WEN X. Market Dominance by China's Public Utility Enterprises [J]. Antitrust Law Journal，2008，75（1）：151−171.

[19] OWEN B M，SUN S，ZHENG W. China's Competition Policy Reforms：The Anti-Monopoly Law and Beyond [J]. Antitrust Law Journal，2008，75（1）：231−265.

[20] 曼弗里德·诺伊曼. 竞争政策——历史、理论及实践 [M]. 谷爱俊，译. 北京：北京大学出版社，2003.

[21] 陈秀山. 现代竞争理论与竞争政策 [M]. 北京：商务印书馆，1997.

[22] 黄勇. 供给侧结构性改革中的竞争政策 [J]. 价格理论与实践，2016（1）：20−22.

[23] 金碚. 竞争秩序与竞争政策 [M]. 北京：社会科学文献出版社，2005.

[24] 史际春，赵忠龙. 竞争政策：经验与文本的交织进化 [J]. 法学研究，2010，32（5）：104−112.

[25] 孙晋，钟瑛嫦. 竞争政策的理论解构及其实施机制 [J]. 竞争政策研究，2015（3）：38−48.

[26] 徐士英. 中国竞争政策的实施与展望——兼论我国基本经济政策定位 [J]. 经济法论丛，2017（1）：43−74.

[27] 于良春. 反行政性垄断与促进竞争政策前沿问题研究 [M]. 北京：经济科学出版社，2008.

[28] 于立. 垄断行业改革与反垄断执法体制的构建 [J]. 改革，2014（05）：22−24.

[29] 赵伟. 干预市场——当代发达市场经济政府主要经济政策理论分析与实证研究 [M]. 北京：经济科学出版社，1999.

[30] 过勇，胡鞍钢. 行政垄断，寻租与腐败——转型经济的腐败机理分析 [J]. 经济社会体制比较，2003（02）：61-69，129.

[31] 林平. 关于中国建立反垄断法体系的几个基本问题 [J]. 管理世界，2005（08）：38-47，171.

[32] 刘宁元. 反垄断法政策目标的多元化 [J]. 法学，2009（10）：70-76.

[33] 王源扩. 我国竞争法的政策目标 [J]. 法学研究，1996（05）：116-125.

[34] 赵万一，魏静. 论我国反垄断法的价值目标界定及制度架构 [J]. 社会科学研究，2006（01）：108-112.

[35] 于良春，张伟. 中国行业性行政垄断的强度与效率损失研究 [J]. 经济研究，2010，45（03）：16-27，39.

专 题 篇

第二章
以竞争政策推动供给侧结构性改革研究

内容提要： 资源配置效率低下和竞争不足是供给侧结构性改革面临的重大难题，主要表现在竞争不足提升制度性交易成本，阻碍技术创新，行政垄断强化准入壁垒和市场分割，竞争机制不完善制约供给质量提升等。实施竞争政策有利于促进市场出清，实现供求平衡；有利于提高资源配置效率，优化供给结构；有利于培育发展新动能，形成有效供给、优质供给和高端供给。下一步，要加快确立竞争政策基础地位，全面落实公平竞争审查制度，围绕竞争机制建立供给侧结构性改革的长效机制，为“三去一降一补”提供有力支撑。

推进供给侧结构性改革，是党中央国务院综合研判世界经济形势和我国经济发展新常态作出的重大决策，是当前和今后一段时期我国经济社会发展的重点任务。深化供给侧结构性改革要求打破结构性体制机制障碍、矫正要素配置扭曲、提高全要素生产率、增强有效供给，相关目标的实现需以健全的市场体系为前提，有赖于竞争政策基础地位的确立和竞争政策的全面贯彻落实。全面落实竞争政策对于深化供给侧结构性改革至关重要。只有不断完善竞争政策体系，运用好竞争政策工具，才能通过竞争实现优胜劣汰，推动企业降低生产成本、提高产品和服务质量、改善经营管理、开发和创造新产品、创新商业模式，为深化供给侧结构性改革奠定更为坚实的市场基础。

一、竞争不足是供给侧结构性改革面临的重大难题

发展经济学的基本理论认为，工业化早期和中后期对经济制度的要求存在显著差异。在低收入阶段，只需要解决好产权保护等基本问题，提供良好的基础设施就可以实现经济起飞。要进入高收入国家行列，必须有更加完善的市场体系，实现更加高效的资源配置。从国际经验看，只有少数经济体能够跨越中等收入陷阱、成功进入高收入阶段，这些经济体的共同特质是通过竞争性市场来配置资源。市场竞争可以有效地降低价格、增进效率、提高全要素生产率和促进创新。对于我国这样仍处于经济追赶阶段和进入供给侧结构性改革关键时期的国家而言，竞争的作用更为关键。经济要保持强劲持续的增长动力单纯依靠投资拉动效应难以为继，必须通过供给侧结构性改革从根本上转变经济发展模式，这就需要两方面的因素发挥重要作用：一是提高资本、土地和劳动力的利用效率；二是加快技术创新。这两种因素发挥作用都依赖于竞争性市场环境的全面建立。当前，竞争不足已经成为制约我国经济发展的重要瓶颈。

（一）竞争不足提升制度性交易成本，阻碍技术创新

制度性交易成本高企是当前供给侧出现结构性矛盾的重要根源，竞争不足是推高制度性交易成本的重要因素。在一些垄断行为多发的领域，垄断不仅带来企业内部效率的损失，还会导致社会成本增加。垄断导致的成本上升可能出现在垄断企业内部，也可能出现在垄断企业潜在的竞争对手以及与垄

断企业进行交易的其他企业身上，后者就表现为制度性交易成本。

寻租成本是制度性交易成本的重要形式。寻租成本主要是指垄断企业为了获得并维持其垄断地位从而得到垄断利润所从事的一种非生产性寻利活动而付出的成本，包括企业进行院外游说、广告宣传、贿赂等成本。在寻租过程中，企业往往不是通过扩大生产、降低成本、提高产品质量、进行技术革新的方式来增加利润，而是把大量的人员、资金用于争取政府的种种优惠，以维系其垄断地位。寻租行为扭曲了企业和一些权力部门的决策机制和行为，导致政策偏离了最优路径，企业追求的目标也偏离了利润最大化的方向，市场运行的摩擦显著加大，制度性交易成本大幅上升。

阻碍创新是制度性交易成本高企的重要后果。创新是经济持续增长的根本动力，也是促进供给持续改善，不断满足需求扩张的有力支撑。在竞争不充分的情况下，除了垄断企业自身成本会因租金耗散和效率降低而出现成本上升外，其潜在竞争对手或交易对手往往也会因不公平的市场准入和一些具体的垄断行为而出现成本上升。这从三个方面阻碍了企业创新。一是垄断企业通过维护其垄断地位、实施各类垄断行为即可维系其高额利润，因此也就缺少创新的动力。二是垄断企业的竞争对手或交易对象因成本上升，利润下降，缺乏足够的资金开展研发活动，创新能力大受影响。三是垄断企业的潜在竞争对手即便有创新潜力，但考虑到进入市场后可能受到垄断企业排挤，也缺乏进入市场并推动技术转化的动力。基于这些原因，在很多竞争不足的行业中，企业创新动机微弱，技术进步速度远低于正常水平。

（二）行政性垄断强化了准入壁垒和市场分割，导致资源错配

行政性垄断是政府为保护本部门或本地区所属企业的利益，通过法律、

行政法规或规定以及各种具体行政手段，维护这些企业的市场垄断地位，阻止竞争市场形成的行为。典型的行政性垄断包括指定交易、禁止交易、限制投标、地区封锁、强制垄断、歧视性的市场准入等。由于行政部门在其管辖的范围内具有垄断性的行政权力，一旦其实施排除、限制竞争的行为，必将对市场主体，尤其是其管辖区域之内的经营者产生重大影响，严重干扰正常的市场秩序。

行政性垄断是导致资源错配的重要原因。一方面，不合理的准入壁垒削弱了行业的外部竞争压力，导致在位企业缺乏改善产品和服务质量、开展新产品新模式研发的动力，导致相关企业生产要素的边际回报偏低。另一方面，市场分割妨碍了国内统一大市场的形成，阻碍了专业化分工优势的发挥，规模经济和范围经济难以实现，扭曲了生产要素在不同行业之间的合理配置。市场分割还会通过限制区际生产要素自由流动，扭曲生产要素跨区域配置结构，阻碍区域产业竞争力的提高。此外，不同所有制企业在获得生产要素时的不平等待遇也降低了资源配置效率。

（三）竞争机制不完善导致企业缺乏外部竞争压力，制约了企业降低成本和提高管理水平的努力

竞争可以给企业带来外部竞争压力，改善企业内部效率，通过改善企业的经营管理提升企业内部的生产效率。当竞争机制不完善时，在位企业，尤其是具有一定规模和市场势力的在位企业由于缺乏外部竞争压力，可能导致“X-非效率”，进而出现内部效率损失。内部效率损失，即垄断企业因缺少外部竞争压力而导致管理、生产、销售等方面的低效率所造成的损失。从管理环节看，缺乏外部竞争压力的企业可能出现机构臃肿、管理僵化的问题，导致企业失去战略上的灵活性，并出现内部信息传递、分析和处理能力不足，

对管理层和一线员工的激励扭曲，研发和技术革新努力不足等问题。从生产环节看，缺乏外部竞争压力可能导致出现生产成本控制、质量控制等方面的问题，造成企业生产成本高企，产品质量难以保障，服务水平低下等问题。管理和生产等环节的相关问题往往会导致垄断企业内部上至管理层下至一般员工都显露出惰性，成本高企、福利虚高、产品竞争力下滑，内部矛盾长期难以解决，并带来高额损失。于良春和张伟（2010）的测算表明，2001 年到 2006 年我国电力行业“X-非效率”导致的损失高达 11 300 亿元，其中 2006 年电力行业该项损失占 GDP 的比重高达 1.42%。“X-非效率”问题也集中反映在一些“僵尸企业”身上，成为供给侧结构性改革的顽疾。

二、当前经济领域主要问题是竞争不充分的直接反映

近年来，我国经济增速下行压力较大，既与经济发展阶段的变化密切相关，也受一些不合理的经济政策影响。经济领域存在的主要问题是竞争不充分的直接反映，源自不合理的经济政策对竞争机制的破坏和限制。

（一）竞争地位不平等影响民间投资积极性

2016 年，我国民间投资增速出现较大幅度下滑，全年民间投资增速仅为 3.1%，较上年同期下降 7.1 个百分点。民间投资增速下滑加大了经济下行的风险，是经济发展中的重大不稳定因素。

民间投资增速的断崖式下跌有经济下行背景下投资回报下降的原因，但更多是不平等的资源配置方式等体制性因素导致的。基于所有制结构、经营规模、经营期限、所在地域的歧视性政策大量存在，导致资源过度向国有企业集中。近年来国家出台了一系列放宽民间投资市场准入的政策，但在金融、

石油、电力、铁路、电信、资源开发、公用事业等领域，各种政策又为民间资本的进入设置了诸多显性或隐性的障碍。一些地方和部门在具体政策执行中对民间投资增加了限制性条款，存在市场准入程序复杂、行政性审批暗含潜规则、操作过程不透明等问题。

（二）竞争机会不均等制约企业家精神成长

企业家精神的成长是推动企业由小到大、由弱到强的原动力，也是促进经济长期增长的重要引擎。在经济增速下行背景下，企业家精神对于经济发展显得尤为可贵，但我国经济诸多领域存在的竞争机会不均等问题严重制约了企业家精神的成长。

不合理的市场准入是制约企业家精神成长的主要障碍之一。经营者难以在法律和规则允许的范围内获得平等进入或退出某一市场以及平等地在市场中展开竞争的权利。比如，一些地方政府及职能部门，对当地骨干企业或招商引资重点项目执行不同于其他企业或项目的质检程序、环保标准、处罚标准。在公共项目招投标过程中，招标主管机构与投标企业或机构合谋，人为设计串标、陪标及各式排他性的“隐形门槛”，部分地方集中招标采购或特许经营权招标前后需要经过多道确认或审批程序。这导致部分企业主将更多的精力用于跑关系、批条子，而难以将企业发展的重心放在推进创新、改善管理等方面。

（三）竞争手段不公正扭曲要素和资源配置

要素误置和资源错配是影响经济增长和产出效率的重要因素。芝加哥大学谢长泰教授等人的权威研究表明，如果按照边际收益均等化对我国的劳动和资本进行再配置，我国 TFP（全要素生产率）可以提升 25%～40%（Hsieh 和 Klenow，2009）。国内相关的研究也发现，要素价格扭曲导致的行业之间资源错配，使我国制造业实际产出降低了 15%～20%。

竞争手段不公正是扭曲要素和资源配置的关键原因。在服务领域，服务市场垄断结构的形成大多与行政力量干预有关。例如，有线电视收视服务、旅游参观点间交通、殡葬及相关服务等与部门分割或地区保护密切相关的服务项目，服务提供者因具有行政色彩或受行政机构庇护而拥有市场支配地位。这导致大量低效资源聚集在相关行业，既影响这些行业生产效率的提升，也挤占了其他行业的要素投入。在金融领域，信贷和其他金融资源的分配往往向大型国有企业和重资产企业倾斜，导致国有企业出现预算软约束，而重工业企业则有过度投资倾向。造成了金融资源配置扭曲，影响了资本效率的发挥。

（四）竞争秩序不规范导致创新能力不足

创新是驱动经济增长的终极力量。随着我国人口红利逐渐消退，土地、资本等要素成本攀升问题也日益突出，通过扩大实物要素投入促进经济增长的模式已经难以持续。要保持经济平稳较快增长必须依靠创新，但市场中竞争秩序不规范的问题导致创新能力不足。

垄断企业滥用市场支配地位，通过产品销售中的垄断高价、要素买入中的垄断低价、限定转售价格、限定销售区域、捆绑销售、滥用知识产权等多种方式侵蚀市场中其他企业的利润。在轻松获得垄断利润的情况下，垄断企业开展创新活动的动力严重不足，而被损害的企业在低利润水平下难以承担研发所需的高额支出，创新的积极性也大受打击。还有一些企业通过达成垄断协议的方式破坏竞争，获取高额利润，也缺乏创新动力。在竞争秩序不规范的环境中，企业创新能力和积极性也不断被消磨，市场创新日渐萎缩，经济增长也面临动力不足的问题。

三、竞争政策可以有效促进供给侧结构性改革

供给侧结构性改革强调通过改革的方法优化资源配置，化解经济发展中的结构性问题；通过改革充分发挥劳动力、土地、资本、创新等生产要素的作用，向市场提供有效供给。推进供给侧结构性改革需要处理好政府和市场的关系，供给侧结构性改革与发挥市场配置资源的决定性作用一脉相承。竞争政策是发挥市场决定性作用和更好发挥政府作用的黄金结合点，能够为供给侧结构性改革提供强大动力。

（一）竞争有利于促进市场出清，实现供给与需求之间的平衡

福利经济学基本理论认为完善的竞争机制是提升资源配置效率达到帕累托最优的必要前提。当前我国部分行业出现了严重的产能过剩问题，钢铁、煤炭、水泥、有色金属等行业产能利用率较低，存在大量的过剩产能和落后产能。过剩产能一定程度上源于市场机制不完善，竞争政策实施不到位，竞争作用发挥不充分。过剩产能的大量存在导致市场严重供过于求，供给与需求之间无法平衡，市场难以出清。供求失衡和限制竞争的行为导致价格扭曲，部分企业通过滥用自身市场支配地位实行垄断高价或者垄断低价，相关行业的结构性矛盾非常突出。垄断者往往可以利用其市场支配地位，在将其产品出售给下游企业时制定不公平的垄断高价，在采购上游供货商提供的产品时制定不公平的垄断低价。具有市场支配地位的商品或服务提供商还可能实施

歧视性定价，在向不同的接受者提供相同等级、相同质量的商品或服务时，在接受者之间实行不同的销售价格或收费标准。在垄断者实施价格歧视时，下游企业往往承担了更高的成本。扭曲的价格机制会造成恶性竞争，扰乱正常的市场竞争秩序，使得遵守竞争秩序和法规的市场参与者在与市场竞争秩序破坏者的竞争中处于劣势，进而导致利益的不公平分配。

实施竞争政策，促进行业竞争将有利于促进相关行业市场出清，淘汰落后技术和设备，防止过度投资和重复投资。竞争将引导资本、土地、劳动等生产要素向边际回报高，市场需求旺盛的行业转移，最终实现供给与需求相匹配。竞争将引导企业更加关注技术进步、质量提升、安全生产、节能环保等问题，减少无效供给，扩大有效供给，减少低质量供给，增加高质量供给。

（二）竞争有利于提高资源配置效率，化解资源错配引发的结构性问题

要素和商品自由流通是统一市场建设的基本要求，是市场有效配置资源的必要前提。在一个动态发展的经济体中，在经济发展的不同阶段，在经济周期的不同时期，各个行业的市场规模、发展前景、经济效益各不相同，不同行业的要素贡献与要素回报也有差别。因此，在市场体制和竞争机制较为完善的经济体中，随着经济发展阶段的变化和宏观经济周期的演进，要素会不断地从回报低的行业向回报高的行业流动，使各种生产要素和资源实现动态有效率的配置。比如，在经济起飞阶段，劳动密集型产业更有竞争力，劳动力数量增长对经济贡献较大，随着经济发展水平的提升，在工业化进程中，资本密集型行业和重化工业在一国经济中的地位不断提升，资本将加速积累，劳动力也不断向相关行业转移。但是，由于体制机制方面的原因，要素自由流动受到一定限制，要素回报被严重扭曲，其结果是资源配置效率低下，供

给与需求失衡。

竞争机制是市场有效配置资源的核心机制之一。福利经济学基本原理表明，当市场主体偏好和生产技术满足一定条件，完全竞争均衡总能实现资源最优配置，并达到帕累托最优。只有在公平竞争的市场环境下，价格才能够有效发挥指挥棒的作用，引导生产和消费的合理调整。只有市场主体之间充分竞争，产品质量好、生产成本低、经营能力强的企业才能够在市场竞争中脱颖而出，获得更多的回报，吸引更多的要素投入。确立竞争政策基础地位，有利于充分发挥市场的价格发现功能，通过“无形之手”实现资源优化配置；有利于提高资源配置效率，激发市场经济活力，提升经济运行稳定性与持续性，增强发展包容性。

（三）竞争有利于培育发展新动能，形成有效供给、优质供给和高端供给

当前，我国经济在新常态下正在发生深刻而复杂的变化，国民经济运行总体平稳、稳中有进的基本面没有改变，但支撑经济发展的动力正在经历新旧转换的“衔接期”和“阵痛期”。经济增速有所放缓，经济增长的新动能正在孕育。一方面传统需求侧的“三驾马车”对经济增长的拉动作用在减弱，受资本存量上升和财政投入能力下降等因素影响，固定资产投资增速快速下滑，投资的效率大幅降低；受国际上贸易保护主义倾向加强和贸易增速大幅下滑影响，我国出口增速也持续低迷，国外需求对经济增长的贡献率下降。另一方面，供给侧的新动能仍在孕育中，增长点还未完全形成，新业态、新产品和新商业模式的体量还比较小，短期内难以弥补传统动力消退带来的影响。

在新旧动能转换的关键时期，贯彻落实竞争政策将有效激发市场主体的

积极性，推动经济结构调整和增长动力转换，为实现中高速增长提供有力支撑。短期看，竞争政策可以为促投资引活水，为稳增长添动力。落实竞争政策，有利于破除不合理的市场准入，全面放开对竞争性行业和垄断行业竞争性环节的管制，使各种所有制成分企业的营商环境更趋公平，确保民营企业有自由参与市场竞争的权利，遏制民间投资增速下滑势头。落实竞争政策还有利于破除行政垄断，打破区域封锁和行业垄断，不断降低制度性交易成本，改善营商环境，激发各类市场主体的活力。长期看，竞争政策可以为“双创”保驾护航，推动增长动力转换。预防和制止垄断行为，保护市场公平竞争是促进创新的必要前提。实施竞争政策有利于增加企业的外部竞争压力，迫使企业不断提升内部生产和管理效率。实施竞争政策有利于保护中小企业的创新成果，防止大型企业滥用知识产权抑制创新。通过提升效率和促进革新，可以推动经济增长从要素驱动向效率驱动和创新驱动转型。

（四）竞争政策可以为“三去一降一补”提供有力支撑

“三去一降一补”是供给侧结构性改革的重点任务，也是化解我国当前经济发展中结构性矛盾的重要抓手。全面贯彻落实竞争政策可以为“三去一降一补”提供有力支撑。

实施竞争政策能够以竞争提升资源配置效率，避免低水平重复建设，有效推进去产能工作。当前去产能的重要任务是钢铁、煤炭行业去产能，中央明确要求要综合运用安全、环保、质量、能耗、产业政策等市场化法治化手段，推动过剩产能退出。通过加强竞争，可以遏制资本、技术、土地等要素进入产能过剩行业，同时促进一些技术水平落后、经营绩效不好的企业逐渐退出，使市场逐步出清。

实施竞争政策可以强化竞争在市场机制中的作用，以无形之手替代有形之手，以市场力量推动去库存。当前国内主要城市的房地产库存因城而异，并处于不断发展变化的动态过程之中。简单地通过行政手段来调节房地产库存，可能会导致房地产市场出现大起大落，加剧市场波动和房地产市场风险。要有效推动去库存，一方面要完善公共住房制度，构建购租并举的住房制度，继续加大棚改安置和公租房保障货币化力度，另一方面要发挥竞争机制作用，以无形之手替代有形之手，高效配置土地资源，同时引导人口合理流动。

实施竞争政策可以改善资本市场中不同市场主体之间的不平等地位，通过提升资本配置效率逐步降低杠杆水平。当前我国杠杆率高的一个重要原因是资本市场竞争机制不完善，资本没有流向回报最高的领域和行业，导致一些企业无序扩张，经营绩效不断下滑，债务规模越来越大。要降低杠杆率，必须充分发挥市场机制作用，以竞争促进企业兼并重组、盘活存量资产，积极稳妥降低企业杠杆率。

实施竞争政策可以打破地方保护和行业垄断，大幅降低制度性交易成本。降成本是供给侧结构性改革的重要方面，当前我国企业成本高企的一个重要原因是制度性交易成本过高。在部分地区、部分领域行政垄断仍然存在，政府政策限制和排除竞争的做法也经常出现。部分企业利用政策给予的优势地位对下游企业实施垄断高价，对上游企业实施垄断低价，极大地提升了交易对手的成本，侵蚀了交易对手的利润。通过贯彻实施竞争政策，加强反行政垄断执法和公平竞争审查，可以有效打破地方和行业垄断，大幅降低制度性交易成本。

实施竞争政策可以为补短板提供有力支撑。落实竞争政策可以有效保护市场中处于弱势地位的消费者，提高贫困人口福利水平；可以以市场化方式提升污染物排放成本，改善节能减排的经济收益，通过强化经济激励促进生态环境改善。

四、全面落实竞争政策促进供给侧结构性改革的建议

当前我国经济发展面临的主要矛盾和矛盾的主要方面在供给侧，必须全面落实竞争政策，优化资源配置，减少价格扭曲，理顺供给侧关系，促进市场出清，为供给侧结构性改革奠定坚实的市场基础。

（一）加快确立竞争政策基础地位

要加强顶层设计，高位推动，加快确立竞争政策基础地位。完善以竞争政策为基石的政策体系。提升竞争政策在经济政策体系中的地位。把公平竞争作为政策制定的基本理念，逐步形成“竞争统帅、公平为本、效率为先”的政策环境。把维护市场公平竞争、预防和制止垄断行为作为重要政策目标。全面淘汰各类政策中具有限制和排除竞争影响的政策工具。减少并逐步消除各类政策中有违公平竞争的政策措施。健全竞争政策与其他政策的协调机制。建立“竞争为先”的协调原则，贯彻以竞争促进效率提升和经济发展的理念，明确竞争政策的优先地位。建立竞争政策与其他政策之间的事前协商制度。构建竞争政策主管部门与其他政策主管部门之间的沟通协调机制。加强竞争政策主管部门对各类政策竞争影响分析研判的指导。严格执行公平竞争审查的例外规定。

（二）处理好竞争政策与产业政策的关系

不能否认我国经济发展的特殊阶段，不能一概否定产业政策，鉴于我国产业政策的规模、重要性、复杂性及其对竞争的广泛影响，需要处理好竞争

政策与产业政策的关系。首先，要确定实施产业政策的经济标准。只有对那些存在市场失灵的产业政策采取选择性的干预政策，且事前考虑政府行动的潜在成本，才能将产业政策对市场竞争的影响降到最低，使产业政策能够促进竞争或至少避免或减少对市场竞争的潜在负面影响。其次，要缩小受管制产业的范围，应逐步减少受到直接干预的管制产业数量，更集中且有选择地把干预定位于有充分经济依据进行干预的产业。应逐步取消其他所有受管制产业的市场准入限制，让竞争力量发挥作用。最后，要采用非歧视性的产业政策工具，除完全例外情况，产业政策实施的模式和工具都应该遵循非歧视性原则，不能自动优待一个或多个企业或产业，或者扭曲竞争市场的运行。应该根据市场竞争影响来评估产业政策，使其实施的政策措施透明，并定期评估其政策效果。

（三）全面落实公平竞争审查制度

在政策体系上，应结合我国实际，把公平竞争审查作为竞争政策的重要支柱。在法律框架上，将公平竞争审查尽快正式纳入反垄断法，形成具体的法律条文，形成具有法律约束力的公平竞争审查制度体系。在具体的政策落实上，要加快制定公平竞争审查实施细则，明确公平竞争审查的内容、程序、方法。加强对各部门、各地区实施公平竞争审查制度的督导。引入公平竞争审查第三方评估制度。总结公平竞争审查实施的成功经验，并在政策制定过程中推广应用。适时评估公平竞争审查的实施成效，强化对公平竞争审查实施不力的部门和地方的责任追究。同时，要积极推进存量政策公平竞争审查。摸排存量政策中限制和排除竞争的主要做法，评估相关政策负面影响。根据不同政策负面效应大小、市场主体反响情况及问题暴露程度分类施策，有序清理和废除妨碍全国统一市场和公平竞争的各类政策。结合宏观经济总体情况和不同区域、不同行业发展态势，按照立即清理、设置过渡期、政策到期自动废止等方式积极推进存量政策公平竞争审查。

（四）加强竞争倡导增强供给侧结构性改革的内生动力

竞争倡导能够有效提高政府和公众对竞争机制的意识，并逐步成为其自身规范和参与市场的行为指南，能够自觉维护市场的公平竞争环境，因此竞争倡导能够增强供给侧结构性改革的内生动力。一方面，进一步加强竞争政策典型案例的宣传，强化警示作用，在全社会形成促进公平竞争的文化环境。另一方面，要加强政府和公众的公平竞争意识，培育竞争文化，倡导法制观念，使政府决策主体自我强化对竞争重要性的认识，消除经济政策中的反竞争行为。

（五）围绕竞争机制建立供给侧结构性改革的长效机制

全面推动竞争机制的完善，从三方面推动供给侧结构性改革。一是通过推进国有企业混合所有制改革和完善公司治理，使不同所有制经济依法平等使用生产要素、公开公平公正参与市场竞争。二是以降低企业成本激发经济主体活力为导向全面推进竞争政策实施，夯实供给侧结构性改革的制度基础。三是通过激励机制的设计有效推动竞争政策的可持续发展。将公平竞争审查与政绩挂钩，把公平竞争审查作为政府业绩考核的一项内容。对严格执行公平竞争审查制度的地方给予相应奖励，鼓励各级政府在公平竞争审查中进行提升效率、改善效果的政策创新。

参考资料目录

[1] HSIEH C T, KLENOW P J. Misallocation and Manufacturing TFP in China and India. Quarterly Journal of Economics, 2009, 124 (4): 1403-1448.

[2] 陈和. 深化供给侧结构性改革 [N]. 经济日报, 2017-11-14 (010).

[3] 何立峰. 坚决打好供给侧结构性改革攻坚战 [J]. 宏观经济管理, 2017 (04): 4-5, 19.

[4] 刘志成. 中国反垄断：经济理论与政策实践 [M]. 北京：经济科学出版社, 2015.

[5] 宁吉喆. 把握大逻辑 贯彻新理念 坚定不移推进供给侧结构性改革 [J]. 中国经贸导刊, 2017 (09): 4-7.

[6] 田国强. 供给侧结构性改革的重点和难点——建立有效市场和维护服务型有限政府是关键 [J]. 人民论坛·学术前沿, 2016 (14): 22-32.

[7] 王昌林, 付保宗, 郭丽岩, 等. 供给侧结构性改革的基本理论：内涵和逻辑体系 [J]. 宏观经济管理, 2017 (09): 14.

[8] 杨伟民. 适应引领经济发展新常态 着力加强供给侧结构性改革 [J]. 宏观经济管理, 2016 (01): 4-6.

[9] 于良春, 张伟. 中国行业性行政垄断的强度与效率损失研究 [J]. 经济研究, 2010, 45 (03): 16-27, 39.

[10] 朱凯. 加强竞争政策与产业政策协调 助力供给侧结构性改革 [J]. 中国价格监管与反垄断, 2017 (09): 27-30.

第三章
经济政策排除和限制竞争的表现、危害及对策研究

内容提要：除了竞争政策之外，我国的经济政策体系还包括产业、财税、金融、土地、环境等多个领域的政策，相关政策对于经济持续稳定发展发挥了积极作用，但也存在大量排除和限制竞争的做法。一些部门和地方通过各种方式设置歧视性市场准入壁垒，通过地域歧视、所有制歧视、规模歧视、组织类型歧视等方式实施歧视性优惠和限制政策，还有的通过禁止交易、捆绑交易、指定交易等方式直接排除和限制竞争。这些做法导致了严重的资源错配、扭曲了市场价格、损害了社会福利，对经济发展造成了巨大伤害。要彻底消除经济政策排除和限制竞争的行为，必须加快确立竞争政策的基础地位，全面落实公平竞争审查制度，加强反行政垄断执法工作，培育经济决策部门的公平竞争理念，强化经济政策决策科学化体制保障，在全社会创造公平竞争的市场环境。

竞争是市场机制的灵魂，竞争政策是经济政策的基石。改革开放以来我国经济建设的伟大成就表明，竞争机制是提高资源配置效率、激发经济发展活力最有效的手段之一，与竞争政策相协调是确保各项政策科学性与有效性

的必要前提。当前，加快确立竞争政策基础地位，全面落实竞争政策，对于贯彻新发展理念、深化供给侧结构性改革、培育发展新动能有极其重要的意义。近年来，在反垄断执法机构共同努力下，我国在推进竞争执法常态化、建立公平竞争审查制度以及破除行政垄断等方面取得了重大进展。但是，在经济政策领域，大量有违公平竞争原则、排除和限制竞争的经济政策仍然存在。这些政策扭曲了市场经济的资源配置、削弱了价格机制的作用、损害了社会福利。只有加快确立竞争政策基础地位，把竞争政策贯穿于经济发展的全过程，才能使经济政策在稳增长、促改革、调结构、惠民生和防风险方面真正发挥积极作用，为深入推进供给侧结构性改革、培育壮大经济发展新动能提供有力支撑。

一、当前我国促进经济社会发展的政策体系

完善的政策体系对于促进社会主义市场经济的健康发展有着重要意义，是我国经济社会稳定发展的重要保障。但由于条块分割、地方本位等原因，我国在政策制定和实施过程中还存在各种问题，尤其是一些政策妨碍了全国统一市场的形成和市场主体之间的公平竞争，成为市场机制有效配置资源的阻力。为推动市场发挥决定性作用，更好发挥政府调控作用，我们对政府政策体系进行了系统梳理，以便于在今后政策制定中避免消极影响，发挥积极作用。

（一）经济政策实施的理论基础

从政策作用范围看，经济政策可以划分为宏观调控政策和微观管理政策，二者分别有其不同的理论基础。

宏观调控政策的理论基础是凯恩斯主义的有效需求不足理论。其广泛运用始于美国大萧条时期，目前已经成为全球主要经济体管理经济的重要手段。凯恩斯主义认为，当经济体受到总需求或总供给等外部冲击时，由于价格黏性与工资刚性等因素存在，市场资源配置不会在受到冲击后迅速回到均衡状态，由此会使经济呈现出扩张或紧缩的短期波动现象。因此，政府需要通过宏观调控等政策手段缓冲外部冲击，从而实现对经济短期波动的逆周期调节，也就是现代宏观经济理论中的总需求管理。由此可见，在绝大多数情况下，宏观调控不仅不是干预市场机制，而且是为市场机制的自我恢复创造更有利的政策环境，使资源配置在短期内尽快回归至均衡状态。

微观干预则是政府针对市场失灵所采取的提升资源配置效率的措施。市场失灵是指市场本身不能有效配置资源的情况，产生的主要原因在于产权制度不完善、垄断、外部性等。因此，微观干预重在通过建立设计完善的法律法规、体制机制矫正市场失灵现象。例如，完善产权制度以明晰产权关系、在自然垄断行业实行政府定价等。这与宏观调控是运用经济政策手段并聚焦于宏观经济波动存在显著差异。

需要指出的是，无论是宏观调控还是微观干预，均是对市场机制的补充，并不是去替代市场机制，市场能做的一定要交还给市场去做。

（二）经济政策的分类

根据政策涉及的不同领域和政策在经济管理中希望实现的不同目标，我们将经济政策划分为以下类别（见表 3-1）。

1. 财政政策

财政政策是指国家根据一定时期政治、经济、社会发展的任务而规定的财政工作的指导原则，通过财政支出与税收政策的变动来影响和调节经济的政策。财政政策是宏观调控的重要手段，有宏观和微观两个层面的目标。宏观层面，其目标包括推动经济增长、稳定物价、促进就业和维持国际收支平衡；微观层面，财政政策还有促进产业发展、缩小收入差距、实现区域平衡发展等目标。从政策手段看，宏观层面主要包括确定宏观税负水平、制定税率和税率结构、政府购买和转移支付等；微观层面主要包括对特定区域或特定主体的财政支出倾斜、补贴、税收优惠和税收返还等。一般而言，宏观层面的财政政策往往是全局性的，不会对公平竞争产生影响，但微观层面涉及特定市场主体的财政政策可能造成妨碍和限制竞争的影响。

表 3-1 我国的经济政策体系

政策	涉及部门	主要政策工具	可能影响竞争的政策手段
财政政策	财政部、国家税务总局、国家发展改革委等	宏观税负、分税种税率、政府购买、转移支付、补贴、税收优惠、税收返还等	财政支出倾斜、补贴、税收优惠、税收返还
货币政策	人民银行、国家发展改革委	法定准备金率、公开市场业务和再贴现政策	差别性的存款准备金政策等
产业政策	国家发展改革委，工业和信息化部等行业主管部门	指令性计划、指导性计划、产业结构调整计划、产业扶持计划、财政投融资、货币手段、项目审批	对特定产业或企业的选择性支持和限制
投资政策	国家发展改革委等	政府投资资金和项目安排，私人投资的审批和准入	投资计划、审批、核准中对特定行业或企业的倾斜
环境政策	国家发展改革委、生态环境部等	排污权交易、惩罚性税收、税收优惠、环境收费和罚款、财政支持、减排指标分配等	环评、环境治理、环境执法、指标分解中对特定企业的选择性支持或限制
能源政策	国家发展改革委、国家能源局等	能源领域的投资、消费、进出口政策、产业发展、技术装备、价格、税收、信贷、能源安全政策等	能源规划、节能、指标分解、能源价格中对特定企业的选择性支持或限制

续表

政策	涉及部门	主要政策工具	可能影响竞争的政策手段
土地政策	自然资源部、国家发展改革委等	地权政策、土地金融政策和土地赋税政策等	土地资源开发、利用、治理、保护、管理和指标使用
信贷政策（融资政策）	人民银行、证监会、银保监会、国家发展改革委等	信贷指令、窗口指导、股票和债券发行等	在信贷、股票和债券发行、其他融资方式中对不同类型企业实施差别化政策
科技政策	科技部、国家发展改革委等	科技发展战略、研发与知识产权、成果转化政策等	重大科技项目倾斜、人为选择技术路线等
就业政策	人社部、国家发展改革委等	就业补贴、培训等	对特定企业的倾向性政策
收入分配	人社部、国家发展改革委等	税收和转移支付等	对特定企业的倾向性政策
社会保障	人社部、国家发展改革委等	社会保险、社会救济、社会福利、社会优抚安置等	对特定企业的倾向性政策
医疗卫生	国家卫生健康委、国家发展改革委等	政府投资、设备与技术、药品与服务价格、补贴等	对特定企业的倾向性政策

资料来源：作者整理总结。

2. 货币政策

货币政策是指中央银行为实现既定的目标，运用各种工具调节货币供应量来调节市场利率，通过市场利率变化来影响民间资本投资，通过调节总需求来影响宏观经济运行的各种方针措施。货币政策也是宏观调控的重要手段，其首要目标是稳定物价，同时也关注经济增长、就业和国际收支平衡等目标。调节总需求的货币政策有三大政策工具，即法定准备金率、公开市场业务和再贴现政策。随着货币金融市场的不断演化和相关理论的发展，货币政策也在不断开发新的政策工具。由于货币政策的各项政策手段一般都会通过影响货币供应量和利率水平等全局指标来实现其目标，政策涉及所有市场主体，往往不会对公平竞争产生影响。但近年来，为控制金融风险、促进特定产业发展，货币政策开发出了对不同类别金融机构、对不同类型存贷款业务实施差别存款准备金率等政策手段，这些政策手段也会对公平竞争产生一定影响。

3. 产业政策

产业政策是国家制定的，引导国家产业发展方向、引导推动产业结构升级、协调国家产业结构、使国民经济健康可持续发展的政策。产业政策主要通过制定国民经济计划（包括指令性计划和指导性计划）、产业结构调整计划、产业扶持计划、财政投融资、货币手段、项目审批来实现。由于产业政策在实施过程中往往会通过市场准入、差别化的财政补贴和税收优惠来实现其政策目标，因此，当产业政策对特定市场主体的生产成本、经营权限、经营行为产生非普惠式影响时，就有可能产生限制和排除竞争的影响。

4. 投资政策

投资政策是指国家对固定资产投资进行宏观调节或宏观管理的政策。我国的投资政策主要包括对政府投资资金和项目的安排，以及对私人投资的审批和准入。其中，政府投资资金只投向市场不能有效配置资源的社会公益服务、公共基础设施、农业农村、生态环境保护和修复、重大科技进步、社会管理、国家安全等公共领域的项目，以非经营性项目为主。但也有一些经营性项目主要采取资本金注入方式投入，也可适当采取投资补助、贷款贴息等方式进行引导。对于私人投资中关系国家安全和生态安全和涉及全国重大生产力布局、战略性资源开发及重大公共利益等的项目，政府从维护社会公共利益角度进行审批、核准或备案。政府在通过投资政策促进特定区域、特定行业发展或对私人投资项目进行行政审批、核准时，有可能存在一些倾向性的支持或限制政策，会对市场公平竞争造成影响。

5. 环境政策

环境政策是指按照市场经济规律的要求，运用价格、税收、财政、信贷、收费、保险等经济手段，调节或影响市场主体的行为，以实现经济建设与环境保护协调发展的政策手段。环境政策主要包括明晰产权、建立排污权交易市场、惩罚性税收、税收优惠、排污收费、使用者收费、资源补偿费、违法罚款、财政专项资金支持、减排指标分配等手段。当环境政策在没有必要的情况下对不同市场主体实施差别化政策时，可能造成市场主体间不公平竞争，产生限制和排除竞争的效果。

6. 能源政策

能源政策是指政府围绕能源生产、供应、消费所制定的一系列方针和策略，涉及能源生产和消费、能源产品结构、能源区域布局、能源产品价格、能源储备、能源国际战略等多方面的行动纲领和政策规划的微观或宏观政策。能源政策包括能源开发投资政策，能源产业发展政策，能源技术装备政策，能源价格、税收、信贷政策，能源消费政策，能源进出口政策，新能源政策，能源安全政策等。能源政策除了用一些市场化的方式进行调节外，还大量使用行政命令、补贴等方式来实现其政策目标。相关政策在实施过程中可能会对不同区域、不同市场主体带来差别化的待遇。

7. 土地政策

土地政策是指为实现一定的目标，在土地资源开发、利用、治理、保护和管理方面规定的行动准则。土地政策是处理土地关系中各种矛盾的重要调节手段，一般包括地权政策、土地金融政策和土地赋税政策等。土地是重要的生产要素，也是城市和产业发展的重要基础。土地政策的制定和实施对不同地区和不同市场主体都会产生至关重要的影响。政府在土地供应、交易、使用等方面对不同地区和不同企业的差别做法可能会产生损害公平竞争的影响。

8. 信贷政策（融资政策）

信贷政策是银行体系根据国家宏观经济政策、产业政策、区域经济发展政策和投资政策，并衔接财政政策、利用外资政策等制定的指导金融机构贷款投向的政策。由于间接融资在我国的融资体系中一直占据主导地位，因此信贷政策长期以来都是最重要的融资政策。但随着股票、债券等直接融资方式的发展，相关领域的政策对经济发展的影响也不断提升。资本是最重要的生产要素之一，当融资政策对不同所有制、不同规模、不同地域的企业实施差别化政策时，一些企业可能会因此获得不公平的竞争优势，可见，融资政策也可能产生限制和排除竞争的效果。

9. 科技政策

科技政策是国家为实现一定历史时期的科技任务而规定的基本行动准则，是确定科技事业发展方向，指导整个科技事业的战略和策略原则。科学技术是第一生产力，是先进生产力的集中体现和主要标志。因此，科技政策对于不同区域、不同行业、不同企业的发展会产生重大影响。科技政策结合国家发展战略和科技发展规律确定一些重点发展方向，对于科技战略的实现有非常重要的意义，但在科技政策制定中忽视科技发展规律、排斥不同技术路线之间竞争的做法可能会妨碍科研机构和科技企业之间的公平竞争，最终阻碍科技发展。

（三）部分政策的总体情况及其对公平竞争的影响

改革开放以来，我国为实现经济赶超式发展，通过出台实施包含产业政策在内的一系列经济政策，将有限的经济资源非平衡地配置于少数重点行业和企业，以扶植重要产业快速发展。在政策实施过程中，政府大量采用目录指导、市场准入、项目审批与核准等行政性直接干预措施以及财政补贴、税收减免、土地优惠、金融信贷等非普惠性政策支持。相关政策在特定历史时期发挥了积极作用，但随着市场机制不断完善，一些政策已经难以适应时代发展，在市场主体之间造成了不公平竞争，影响了市场决定性作用的发挥。

1. 产业政策

产业政策广泛存在于我国的许多领域中。我国自 20 世纪 80 年代末开始推行产业政策，进入 21 世纪，我国的产业政策更为细化、全面和系统。

产业政策的目标是通过资源非平衡配置，扶植重要产业快速发展，同时抑制落后和过剩产业发展，以优化产业结构，最终实现后发展国家的经济赶超，其目标集中于两个方面：一是促进产业结构调整。不同于 20 世纪的产业政策在国民经济中挑选重点产业的做法，2000 年以来的产业政策更为关注产业内结构调整，主要集中在行业内产品结构调整、产业组织结构调整、产业布局调整以及产业技术升级四个方面。二是抑制部分行业过度投资、化解产能过剩。2000 年以来国务院和国家发展改革委出台了多项文件，旨在化解钢铁、水泥、平板玻璃等行业的产能过剩问题。代表性文件有《国务院关于加快推进产能过剩行业结构调整的通知》《关于抑制部分行业产能过剩和重复建设引导产业健康发展的若干意见》等。

产业政策的实施方式主要有三种：一是目录指导。实施产业政策首先需要选择政府重点支持和发展的产业，目录指导就是其重要体现。目录指导包括鼓励类、限制类和淘汰类三类目录。目录指导直接与项目审批和核准、财政补贴、税收优惠、金融信贷支持、土地优惠政策等紧密相关。二是项目审批核准和市场准入。为避免过度竞争，产业政策通过审批核准和制定市场准入标准的方式，限制部分企业进入，鼓励企业兼并重组，实现市场集中。这些政策在企业规模、设备规模与工艺、技术经济指标、环境、安全方面设定了一系列详细的准入条件。三是强制性清理、淘汰落后产能。政府基于市场供需现状和未来变化的预测来判断某个行业是否落后或存在产能过剩，以此为依据制定相应的产能控制措施。代表性文件有2010年颁布的《国务院关于进一步加强淘汰落后产能工作的通知》等。

我国选择性、干预式产业政策不利于市场主体之间的公平竞争。一是不利于不同产业的市场主体公平地获取资源、开展竞争。我国现有的产业政策是根据一定标准选择重点产业，采用市场准入、财税优惠、土地政策、信贷支持等政策措施加以倾斜式扶持，使其得到超常规的快速发展。这使不同产业市场主体所能获得的市场准入、生产成本和投资回报率都有所不同，难以通过市场机制公平地开展竞争、优胜劣汰。二是不利于不同技术和产品的市场主体公平地开展竞争。除了选择性地扶持重点产业之外，我国的产业政策还对产业内的特定企业、特定产品、特定技术也采用选择性扶持方式。这使企业一旦选择了与政府导向所不同的技术路线、技术标准和产品，或者仅仅因为所有制的不同，就在竞争上处于劣势地位。三是不利于不同规模的市场主体公平地开展竞争。我国现有的产业政策具有强烈的“扶大限小”的特征，通过市场准入、项目审批核准等行政性手段选择性地保护扶持在位的大型企业，尤其是中央企业，限制中小企业的挑战和竞争。现有的产业政策通过制定有利于大型企业且限制中小企业的行业发展规划、市场准入条件、项目审批或核准条件，并在项目审批和核准过程中优先核准大型企业集团的投资项目，使中小企业无法与大型企业开展公平竞争。

2. 投资政策

投资政策是国家对投资，特别是固定资产投资进行宏观调节或宏观管理的政策。投资政策目标主要集中在三个方面：一是控制投资规模。政府根据社会总需求的变化，通过投资政策影响社会投资总规模，以保持社会总需求与总供给的大致平衡。二是调整投资结构。通过投资政策影响社会总投资在国民经济各行业、各部门之间分配比例及相互关系。三是调节投资布局。国家通过投资政策调整社会总投资在各地区的分配比例。根据不同地区生产力水平和不同资源条件，选择重点投资地区，合理分配投入资金。

为实现控规模、调结构、优布局的政策目标，我国在实施投资政策的过程中采用了以项目审批、投资计划等行政性手段为主的政策实施方式，结合使用财税政策、货币金融政策和产业政策等其他政策实施方式。项目审批通常由有关专业部门、省级地方政府或计划单列市具体实施。具体做法分为两种：一是在进行审批时控制和增减投资项目的数量。二是改变项目审批的程序和权限。对国家鼓励的投资项目，其审批程序和权限相对宽松，对国家限制的投资项目则相对严格。我国政府通过项目审批这一手段来控制投资规模、调整投资结构、调节投资布局。政府投资计划通过分配各级政府，尤其是中央政府直接掌握的投资资金，确定由政府作为主要投资者的投资项目，来达到影响投资规模、调整投资结构等政策目标。政府投资计划有年度投资计划和多年度滚动投资计划等不同种形式，其主要内容通常包括一段时期内政府投资规模计划、政府投资重点领域和方向、政府投资重点项目安排等。

我国现阶段所采用的以项目审批和投资计划为代表的投资政策在一定程度上替代了市场机制的作用，对于不同所有制、不同行业和地区的市场主体公平参与竞争造成了一定影响，其中最显著的影响是造成市场准入环节的非公平性。行业主管部门、各级地方政府采用审批制等手段实施投资政策，在一定程度上限制了非国有制企业，特别是民营企业进入部分行业。

3. 信贷政策

信贷政策是宏观经济政策的重要组成部分，是中国人民银行根据国家宏观调控和产业政策要求，对金融机构信贷总量和投向实施引导、调控和监督，促使信贷投向不断优化，实现信贷资金优化配置并促进经济结构调整的重要手段。

以扶植特定产业和企业为目标的信贷政策有两种实施方式：一是为了扶植相关产业而选择性地对特定领域实施倾斜性信贷政策。信贷政策作为产业政策的重要配套能够为其提供便利的融资条件，为产业政策选择的重点领域提供融资便利，从融资端为政府选定的相关行业降低融资成本。但是，这些被选定的行业并非全都具有比较优势，因而会损害公平竞争的市场环境，造成相对的福利损失。二是为了做大做强国有企业而采取所有制歧视等相关信贷政策。中国商业银行在对国有企业和民营企业贷款时存在不公平的信贷投放，表现为国有企业的贷款利率较低而民营企业面临高利率。由于国有企业挤出了对民营企业的贷款供给，民营企业只能通过银行信贷以外的途径获得贷款，而这些渠道的资金成本很高，进一步恶化了民营企业的信贷状况。

向特有行业和企业倾斜的信贷政策主要有两种实施方式：一是直接出台相关文件进行行政干预。在文件中规定为了鼓励相关行业的发展，直接要求金融机构配合，为政府指定的相关行业发展提供较好的融资便利。二是较为隐蔽的所有制歧视。部分省市金融局对企业债的相关审批受所有制影响较大，而企业的资产负债能力、风险控制水平等相关财务指标在某些时候却难以成为决定性因素。

信贷政策可能从两方面对公平竞争产生影响：一是信贷歧视加剧不公平竞争从而扩大民营企业和整体社会的福利损失。由于民营企业在信贷市场中处于弱势地位，只能获得高利率贷款甚至难以获得贷款，通过信贷来抵御冲击的能力往往较差，从而导致其产出波动较大。二是不利于不同所有制的市场主体公平地开展竞争，乃至造成产能过剩和抑制产业升级需求的后果。

除了上述政策之外，不恰当的土地政策、科技政策、就业政策、社会保障政策、医疗卫生政策等都有可能对公平竞争产生影响。

二、经济政策排除和限制竞争的主要表现

尽管随着经济体制改革不断深化，全国统一市场基本形成，公平竞争环境已逐步建立，但少数行政主体和决策部门的公平竞争意识还比较淡薄，排除和限制竞争的政策措施时有出现，地方保护、区域封锁和不合理的市场准入仍然存在，违法给予优惠政策或减损市场主体利益仍难以杜绝。这些现象妨碍了全国统一市场建设和公平竞争市场环境的培育。从目前情况看，经济政策排除和限制竞争的做法主要表现为以下几个方面。

（一）歧视性市场准入

歧视性的市场准入在许多地方仍大量存在，有的政策限制外来商品或服务进入本地市场，有的政策阻碍本地原材料与商品销往外地。这些做法阻碍了生产要素和商品在地区间自由流通，严重损害了公平竞争秩序。一些地区和部门通过多种方式设置了歧视性的市场准入。

一是采用歧视性技术措施，限制外地商品进入本地市场。歧视性的技术措施主要包括对外地商品规定与本地同类商品不同的技术要求、检验标准，

或者对外地商品采取重复检验、重复认证等手段。据《新京报》报道，地方保护直接导致全国70%的地方市场限制外地新能源汽车进入。地方保护的形式非常多，比如，强制要求外地企业在本地设厂，并配套采购一定比例的本地零部件，而且各地出台的政策都是适合本地企业特点的补贴标准及技术标准，这些标准多与国家标准不一致。还有地方对本地车型和外地车型实行不同的限购政策。如某市对本地车型和外地车型的新能源汽车实行不同的车牌政策，本地车型"买车送牌"，外地车型需要"摇号"。这些偏向本地企业、限制外地企业的技术标准和准入政策，损害了企业之间的公平竞争，损害了行业的健康发展，不利于最好的技术标准从市场竞争中脱颖而出，也不利于我国市场规模优势的发挥。

二是采取专门针对外地商品的行政许可，限制外地商品进入本地市场。一些地方通过设置不合理的行政许可，对外地商品在本地销售施加严苛的限制条件，或者直接将外地商品挡在本地市场之外，或者通过提升外地商品在本地市场销售的成本来降低外地商品竞争力，从而达到保护本地商品的目的。例如，某县对外地猪肉类产品进入本县设置不合理条件，发文要求"从严准入"，对外埠冷鲜肉白条肉等猪肉产品实行市场准入制度。其中第一条准入条件规定"在当地县级以上人民政府批准的定点屠宰场屠宰并经检疫检验合格，加盖检疫检验章"。而政府批准的定点屠宰场都由本地企业经营，这给外地企业进入本地市场设置了无形障碍。其结果是保护了本地低效率、高成本的企业，消费者不得不承受更高的商品价格，消费者福利受到严重损害。

三是设置关卡或者采取其他手段，阻碍外地商品进入或者本地商品运出。改革开放以来，随着我国市场体系不断完善和法制建设的不断推进，以物理方式设置关卡实施地区封锁的行为已日渐稀少。但是，各地政府以各种方式明里暗里限制外地商品进入的行为仍然存在，有的地方政府甚至用红头文件的方式阻碍外地商品进入。以建材为例，2015年，某市发布文件，不让辖区内参与项目建设的建筑企业使用外地商品混凝土。这种以红头文件“扶持本地企业发展，推广本地企业产品”的行为，损害了公平竞争，既不利于下游企业降低获取相关产品的价格，也不利于通过竞争压力推动上游企业降低生产成本、提升生产效率。

四是强制要求外地企业进入本地经营时在本地设立分支机构。一些地方政府出于把税收留在本地的目的，强制要求外地企业在本地开展各项业务时在本地登记注册，否则即通过各项政策加以限制，使其业务无法正常开展。比如，某县发布文件，要求实行总公司集中核算的外地企业驻当地分支机构、企业要争取实行独立核算。对该县企业在外地设立的分支机构，税务部门则要加大对分支机构成本列支等情况的检查力度，以防止企业所得税流失。该文件还规定，外来承揽、中标的建筑施工企业，要到工商管理部门办理法人注册登记，到税务部门办理相关手续后，建设部门方可核发施工许可证，交通、水利、公路等部门方可与其签订施工合同。这种以获取税收为目的强制要求外地企业设立分支机构的行为，损害了企业的自由选择权，抬高了外地企业的制度性交易成本，造成了本地企业和外地企业之间的不公平竞争。

五是限制外地企业参与本地项目投标。一些地方为了促进本地企业发展，在本地的一些项目招标过程中设置不合理的限制条件，限制外地企业参与本地项目投标，以使本地企业获得更多的市场机会。对当地骨干企业或招商引资重点项目，一些地方政府及职能部门执行不同于其他企业或项目的质检程序、环保标准、处罚标准。在公共项目招投标过程中，招标主管机构与投标企业或机构合谋，人为设计串标、陪标及各式排他性的“隐形门槛”，部分地方集中招标采购或特许经营权招标前后需要经过多道确认或审批程序。比如，某市发布文件规定：总投资 3 000 万元以下（含 3 000 万元）的施工、勘察、设计、监理、造价咨询项目，一律按招标投标法和比选办法相关规定，在该市本地注册符合资质要求的企业中确定中标人。限制外地企业参与本地投标的行为直接限制了市场竞争，造成了人为的市场分割。

六是歧视性的备案或审批手续。一些地方政府对于外地企业进入本地市场设置了不合理的备案或审批手续，增加了相关企业的制度性交易成本，在市场中形成了不公平竞争。比如，某市住建委曾出台文件规定凡在该市行政管理区域范围外的外省、外地市勘察设计企业，进入该市行政区域范围内承揽勘察设计业务，必须办理进J市承担勘察设计业务合同备案，每个项目都须登记一次。其中，由该省建设厅公布的“绿色通道”勘察设计企业，享受本地企业待遇，每年只进行一次合同备案。而外地企业设立的分支机构不予办理勘察设计合同备案手续。要求外地企业办理备案或审批手续提高了外地企业的交易成本，加上办理过程中的一些刁难和拖延，实际上造成了不公平竞争。

（二）歧视性支持政策

歧视性的政策优惠主要反映为各级政府在招商引资、扶持产业发展过程中，针对不同企业或其他市场主体设置歧视性的政策。从设置标准和依据看，歧视性政策包括地域歧视、所有制歧视、规模歧视和组织类型歧视等。从内容看，歧视性政策包括歧视性政策补贴、歧视性税收优惠、歧视性政府采购政策、歧视性融资和信贷政策、歧视性政府定价政策和歧视性能源环境政策等。以下对歧视性政策设置标准和依据作简要分析。

一是地域歧视。主要反映为政府在对企业实施财政补贴或奖励时，按照所有制或地域进行划分，把企业分为三六九等，有的补贴，有的不补贴；有的补贴多，有的补贴少。这样，因政府补贴或奖励的差异，不同企业在其成本和收益方面会有所不同，从而形成不公平竞争，低成本、高效率、有竞争力的企业反而可能在市场竞争中落败。比如，某市的创新创业补贴就存在一定程度的地域和户籍歧视。该市初创期创业场地房租补贴政策规定，毕业后两年以内的本市高校非某市生源毕业生作为创业组织法定代表人或负责人并满足其他条件，可以申请该补贴，对外地高校毕业生则无此优惠政策。地域歧视，尤其是经济发达地区设置的地域歧视既违背了公平竞争原则，又违背了先富带动后富的发展目标，加剧了地区之间的不平衡。

二是所有制歧视。所有制歧视是指政府在制定政策时，在财税、金融、土地、环保等各个方面都向公有制企业倾斜，从而违背了公平竞争原则，挤压了非公有制企业的生存空间，打击了相关企业的信心和积极性。尽管中央非常重视非公有制企业发展，国务院还在 2005 年和 2010 年先后出台了两个“36 条”，试图鼓励支持非公有制经济发展、允许和引导民间资本进入垄断行业，但相关政策的落实效果并不好，非公有制企业在大量政策中仍遭受歧视。在所有制歧视下，民间资本很难获得公平、均等的机会，不合理的市场准入限制随处可见，公平的市场竞争环境始终难以形成；政府一再释放的诚意和出台的措施很难真正转化为政策红利，行政性垄断极大地挤压了民间资本的发展空间；国有资本投向已逐渐偏离国家安全和国民经济命脉的重点行业和关键领域这一国家目标，大踏步进入不该与民争利的一般竞争性领域，存在一定的过度市场化和过度追逐经济效益的倾向。所有制歧视造成大量资源向国有企业倾斜，是近年来民营企业活力不足、民间投资增速下滑的重要原因。

三是规模歧视。规模歧视在一些支持性政策中较为普遍。一些部门希望通过政策支持来扶持行业内的大企业，进而由龙头企业来带动整个行业发展。相关政策往往涉及财政、税收、融资以及能源环境等诸多领域。比如，有文件规定，“每个产业集群应明确 2 至 3 家龙头骨干企业，并对其重点扶持”。“各级企业技术改造或转型升级专项资金、中小企业发展专项资金、基金及服务体系建设资金，对产业集群龙头骨干企业转型升级、公共服务平台建设、智慧集群建设、集群企业或机构在产业链各环节的合作创新、产业集群发展规划制定等优先给予资金支持”。这种选择性的补贴政策不仅在市场中制造了不公平竞争，还可能错误地引导企业，使企业更加关注政策补贴，而不愿意通过真正的竞争优势来获取利润，从而忽视了创新和管理能力的提升。

四是组织类型歧视。某市的创业促进政策关于不同类型的组织有不同的规定。例如，2009年的初创期创业场地房租补贴政策把“劳务派遣公司以及非正规就业劳动组织”排除在外。开业贷款利息补贴政策规定“贴息期限一般最长不超过三年”，但劳动密集型小企业的“贷款期限不超过两年”。组织类型歧视违背公平竞争原则，影响了市场的多元化、多样化发展，导致资源和要素无法以最低成本或最有效率的方式在不同企业间配置。

（三）直接限制竞争的行政行为

除了政府的一些歧视性政策外，还有一些部门在制定政策时，直接限制了市场主体之间的竞争。这些政策的表现形式包括禁止交易、捆绑交易、指定交易等。其中，禁止交易是政府以行政权力禁止市场主体参与某一类型或某项具体市场交易。捆绑交易是指政府在没有正当理由的情况下，以政策或文件规定在某项交易中搭售商品，或者在交易时附加其他不合理的交易条件。指定交易是指滥用行政权力，限定或者变相限定单位或个人经营、购买、使用其指定的经营者提供的商品或服务的交易。

这里以指定交易为例来说明政府直接限制竞争的行政行为。比如，某省一家投资公司欲用其在某县的土地房屋资产作抵押从银行贷款，银行委托一家资产评估公司做了资产评估，并出具了评估报告。但当该投资公司向该县房产局申请抵押登记时，却被告知要重新评估，并指定由当地的一家评估事务所评估。类似的情况也发生在某县，该省某购房人在当地购买的一套别墅在外地一家银行办理抵押贷款，按照程序委托外地一家评估公司做了房产估值，并承担 1 000 元评估费，但当地房管局不认可这份估值报告，要求必须在该局“评估科”重新估值，且收费超过 6 000 元。指定交易行为损害了公平竞争，使外部企业无法进入市场，而指定交易的对象则不需要承担任何竞争压力。指定交易限制了更有效率的企业提供产品或服务，而实际提供产品或服务的企业推动降低成本、提升产品和服务质量、创新产品和工艺的动机不足，最终社会福利和消费者剩余都将遭受损失。

三、经济政策排除和限制竞争的主要危害

经济政策排除和限制竞争有其深刻的体制根源，这与我国经济领域的一系列制度设计密切相关。当前，出现大量排除和限制竞争的经济政策主要源于竞争政策的基础地位尚未完全确立，加上部分领域体制改革和法制建设进展缓慢，事权与支出责任不相匹配的财税分权体制给各级政府带来了不合理的激励，法治体系不健全使部分政府行政行为失范。在这样的经济政治环境之下，排除和限制竞争的经济政策带来了一定危害。

（一）导致资源错配

历史经验表明，经济发展是一个动态演进的过程，在经济发展的不同阶段，在经济周期的不同时期，各个行业的市场规模、发展前景、经济效益各不相同，不同行业的要素贡献与要素回报也有差别。在市场体制较为完善的经济体中，随着经济发展阶段的变化和宏观经济周期的演进，要素会不断地从回报低的行业向回报高的行业流动，使各种生产要素和资源实现动态有效率的配置。比如，在经济起飞阶段，劳动密集型产业更有竞争力，劳动力数量增长对经济贡献较大，随着经济发展水平的提升，在工业化进程中，资本

密集型行业和重化工业在一国经济中的地位不断提升，资本将加速积累，劳动力也不断向相关行业转移。

在我国这样一个幅员辽阔、地区发展差异较大的国家，不同地区的比较优势不同，发展阶段不同，优势产业不同，要素回报也不同，因此，生产要素在追求更高回报、商品在追求更高利润时，跨地区的流动往往不可避免。全国统一大市场的形成要求突破地理界限，通过跨地区、跨行业、跨市场配置要素提高资源配置效率，通过跨地区销售商品和服务实现规模经济。

但在各地发展经济的具体实践中，一些不合理的经济政策严重损害了市场竞争，导致了较为严重的资源错配。一方面，一些地方出于追求地方利益或官员个人政绩，人为设置市场壁垒，阻碍了区域市场一体化进程，影响了全国统一大市场的形成，导致生产要素无法实现跨行政区划的最优配置。另一方面，一些部门为实现不合理的经济目标，制定歧视性政策或违法实行优惠政策，使部分行业、部分市场主体集聚了过多的生产要素，导致要素回报低下，在部分行业和地区甚至出现了大量“僵尸企业”。相关政策引发的资源错配，造成了社会资源的严重浪费，带来了较大的经济损失。

（二）扭曲市场价格

限制竞争行为的各种不合理政策往往使部分市场主体具备了一定的市场支配地位。相关行政部门或直接影响定价，或通过相关市场主体滥用其市场支配地位，在部分行业和领域制定垄断高价或者垄断低价，扭曲市场的价格机制。

在一些不合理政策的支持下，垄断者往往可以利用其市场支配地位，在将其产品出售给下游企业时制定不公平的垄断高价，在采购上游供货商提供的产品时制定不公平的垄断低价。垄断高价往往造成下游企业或消费者承担不合理的支出，侵蚀相关企业的利润或损害消费者剩余；垄断低价往往造成上游供货商以较低价格提供产品或服务，相关企业难以获得合理回报，开展创新和提升质量的积极性也可能受到打击。具有市场支配地位的商品或服务提供商还可能实施歧视性定价，在向不同的接受者提供相同等级、相同质量的商品或服务时，在接受者之间实行不同的销售价格或收费标准。在垄断者实施价格歧视时，下游企业往往承担了更高的成本。扭曲的价格机制还会造成恶性竞争，扰乱正常的市场竞争秩序，使遵守竞争秩序和法规的市场参与者在与市场竞争秩序破坏者的竞争中处于劣势，进而导致利益的不公平分配。

（三）损害社会福利

通过经济政策限制和排除竞争的做法，往往会给社会福利带来较为严重的损害，尤其是无谓损失的增加。经济学理论认为，垄断造成的福利损失主要包含三个方面的内容。

一是垄断的净福利损失，即忽略垄断定价的分配效应，单纯考虑与完全竞争相比垄断所造成的总体社会福利损失。垄断企业在根据利润最大化目标进行定价时，其价格水平一般会高于社会最优的价格水平。这造成了两方面的影响，一方面，垄断高价是垄断企业侵蚀消费者剩余、增加垄断利润的手段，会产生不合理的分配结果；另一方面，在垄断高价下均衡产量低于社会最优水平，损失的消费者剩余无法全部转换为企业利润，一部分转变为净福利损失，从而导致社会总福利水平下降。

二是寻租成本或租金耗散，是指垄断企业为了获取并维持其垄断地位从事的一种非生产性寻利活动需付出的成本，这部分收益既没有进入消费者剩余，也没有进入企业利润，而是以一定的形式自我消耗掉了。在某些情况下，企业的垄断地位源于政策的支持，但政策并不是一成不变的。一些企业为维护其垄断地位，会向政策制定者或其他利益相关者输送利益，相关行为往往是非生产性的，在耗费成本的同时无法创造社会财富，这就会导致租金耗散。

三是内部效率损失，即垄断企业因缺少外部竞争压力而导致管理、生产、销售等方面的低效率所造成的损失。内部效率损失可能表现为员工激励机制欠缺，管理水平低下，研发和技术革新动力缺失。垄断企业往往规模较大，管理层级较多，内部运行成本较高，产出效率低下。由于缺乏外部竞争，垄断企业能够轻易获得高额垄断利润，因而缺乏创新动力，开发新技术、新产品的动力不强，提升管理水平的激励不足。受此影响，垄断企业的资本、技术、人才效率难以充分发挥，难以实现较高的要素回报，这是内部效率损失产生的根源。

四、确立竞争政策基础地位，促进市场公平竞争

要彻底消除经济政策排除和限制竞争的行为，必须加快确立竞争政策的基础地位，把竞争政策贯穿到经济发展的全过程，全面推动竞争政策落实，以竞争政策约束市场主体行为，规范政府政策制定。

（一）加快确立竞争政策基础地位

要加强顶层设计，高位推动，加快确立竞争政策基础地位。完善以竞争政策为基石的政策体系。提升竞争政策在经济政策体系中的地位。把公平竞争作为政策制定的基本理念，逐步形成“竞争统帅、公平为本、效率为先”的政策环境。把维护市场公平竞争、预防和制止垄断行为作为重要政策目标。

全面淘汰各类政策中具有限制和排除竞争影响的政策工具。减少并逐步消除各类政策中有违公平竞争的政策措施。健全竞争政策与其他政策协调机制。建立“竞争为先”的协调原则，贯彻以竞争促进效率提升和经济发展的理念，明确竞争政策的优先地位。建立竞争政策与其他政策之间的事前协商制度。构建竞争政策主管部门与其他政策主管部门之间的沟通协调机制。加强竞争政策主管部门对各类政策竞争影响分析研判的指导。严格执行公平竞争审查的例外规定。

（二）全面落实公平竞争审查制度

在政策体系上，结合我国实际，把公平竞争审查作为竞争政策的重要支柱。在法律框架上，将公平竞争审查尽快正式纳入反垄断法，形成具体的法律条文，形成具有法律约束力的公平竞争审查制度体系。在具体的政策落实上，要加快制定公平竞争审查实施细则，明确公平竞争审查的内容、程序、方法。加强对各部门、各地区实施公平竞争审查制度的督导。引入公平竞争审查第三方评估制度。总结公平竞争审查实施的成功经验，并在政策制定过程中推广应用。适时评估公平竞争审查的实施成效，强化对公平竞争审查实施不力的部门和地方的责任追究。同时，要积极推进存量政策公平竞争审查。摸排存量政策中限制和排除竞争的主要做法，评估相关政策负面影响。根据不同政策负面效应大小、市场主体反响情况、问题暴露程度等情况分类施策，有序清理和废除妨碍全国统一市场和公平竞争的各类政策。结合宏观经济总体情况和不同区域、不同行业发展态势，按照立即清理、设置过渡期、政策到期自动废止等方式积极推进存量政策公平竞争审查。

（三）加强反行政垄断执法工作

大力查处滥用行政权力排除、限制竞争案件，着力破除地方保护和区域封锁，打破滥用行政权力制造的市场壁垒，清理违法给予市场主体的各项优惠政策，促进全国统一开放、竞争有序的市场体系建设。全面巩固行政审批体制改革效果，防止取消或下放的行政审批权反弹。清理前置审批相关的有偿中介服务，废除各类“红顶中介”，允许更多中介机构提供无歧视性的、可竞争性的中介服务。清理和规范政府主管部门在集中采购、公共工程招投标过程中的失范行为。清理和废除各类源自行政权力的垄断经营，杜绝以上游资源换下游市场的行政垄断行为。

（四）培育经济决策部门公平竞争理念

进一步加强公平竞争的宣传教育，建立实现公平竞争的激励机制。通过各种传播渠道，倡导公平竞争，宣传各类反垄断执法的典型案例，强化警示作用，在全社会形成促进公平竞争的文化环境。使市场主体高度重视反垄断合规工作，自觉维护公平竞争的市场环境；使政府决策主体自我强化对竞争重要性的认识，逐步消除经济政策中的反竞争行为；加强公众的公平竞争意识，培育竞争文化，倡导法制观念。在激励机制方面，将公平竞争审查与政绩挂钩，把公平竞争审查作为政府业绩考核的一项内容。对严格执行公平竞争审查制度的地方给予相应的奖励，鼓励各级政府在公平竞争审查中进行提升效率、改善效果的政策创新。

（五）强化经济政策决策科学化体制保障

一方面，要加强组织协调。国务院反垄断委员会、国家发展改革委、国家市场监督管理总局、商务部要发挥职能作用，组织、协调、指导竞争政策实施工作，及时调查、评估市场总体竞争状况，为推进和逐步完善公平竞争审查制度奠定坚实基础。各地区、各部门要按照确立竞争政策基础地位的要求，加强实施竞争政策的组织领导，按照职责分工，有针对性地制定具体方案和实施办法，全面推动本地区、本部门竞争政策的落实工作，不断完善市场竞争规则，建立综合部门和行业主管部门联动的工作机制，加快形成统一开放、竞争有序的市场体系。另一方面，要强化能力建设。充实执法力量，加强业务培训，优化干部年龄结构和知识结构，建设高素质、专业化的执法队伍。合理保障技术投入，提高现代科技手段在执法办案中的应用水平。结合实际需要和财力可能，统筹安排执法能力建设经费，并通过优化支出结构、提高资金使用效益予以合理保障，推动人财物等资源向基层倾斜，加强基层执法能力建设。

参考资料目录

[1] 江飞涛，李晓萍. 当前中国产业政策转型的基本逻辑 [J]. 南京大学学报（哲学·人文科学·社会科学），2015，52（03）：17-24，157.

[2] 江飞涛，李晓萍. 直接干预市场与限制竞争：中国产业政策的取向与根本缺陷 [J]. 中国工业经济，2010（09）：26-36.

[3] 李珂. 高新技术产业发展的财税政策 [J]. 经济论坛，2004（06）：79-80.

[4] 罗云毅. 当前我国投资政策怎样调整 [J]. 施工企业管理，2009

(01)：24-25.

[5] 王元京，张汉亚. 完善民营投资政策与体制环境的对策思路 [J]. 北方经济，2002 (07)：4-6.

[6] 项安波，张文魁. 中国产业政策的特点、评估与政策调整建议 [J]. 中国发展观察，2013 (12)：19-21.

[7] 郑建华. 我国当代科技政策价值取向探析 [J]. 改革与开放，2011 (18)：180-181.

[8] 周伏秋，许文，熊华文，等. 促进节能服务产业发展的财税政策模式 [J]. 中外能源，2009，14 (04)：16-22.

[9] 周华东. 科技政策研究：嬗变、分化与聚焦 [J]. 科学学与科学技术管理，2011，32 (11)：5-13.

第四章
竞争政策与规制政策相互协调问题研究

内容提要：受技术进步、垄断行业和国有企业改革等影响，竞争性领域和垄断行业的边界处于动态调整中。在垄断行业的可竞争性环节，竞争政策的适用范围和程度受到垄断行业规制政策的影响比较大，因此促进两者相互协调和衔接具有现实意义和必要性。当前，竞争与规制政策体系相互协调面临法律规则体系不健全、组织机构沟通协调不畅、执法程序和结果透明度不高，决策影响评估不规范等问题。促进竞争政策与规制政策相互协调的关键是推进竞争和规制体系现代化，发挥两者的功能组合作用，完善两者的组织协调机制；夯实竞争与规制协调的法律基础与规则体系；增强竞争与规制机构的信息共享和互联互通，促进相互监督；建立健全避免竞争和规制决策失误的事前和事后影响评估机制。

一、竞争政策与规制政策相互协调的意义和必要性

从目的和主要内容来看，竞争政策与政府规制既有相同点亦有不同点。在垄断行业的可竞争性环节，竞争政策的适用受垄断行业规制政策的影响较

大，促进两者相互协调和衔接具有现实意义和必要性。

（一）研究对象

学术界一般用主体、客体和规则三个要件来定义规制，即“规制是指政府或法律授权的公共机构依据规则对被规制者相关行为的限制”（刘树杰，2011）。可见，规制的主体是政府或法律授权的公共机构，规制的客体是企业等市场主体，规制的依据是法律法规。

根据规制的对象和目的，一般将规制分为经济性规制和社会性规制两类。经济性规制主要是指对企业进入市场、投资、价格、服务质量等经济行为的限制。按照产业组织结构和市场结构，可以将经济性规制分为两种：第一种是针对垄断行业的规制，主要是规制自然垄断行业内垄断企业的经济性行为；第二种是针对竞争性领域（包括竞争性行业和垄断行业可竞争性环节）的规制，主要是规制竞争性领域中拥有市场支配力企业的垄断行为，特别是市场集中形成的经济垄断行为。本章研究的是垄断行业规制政策（下文称规制政策）和在竞争性领域以维护公平竞争为目的，以禁止垄断协议、禁止滥用市场支配地位和控制经营者集中为主要内容的相关竞争政策[①]（下文称竞争政策）之间相互协调与衔接的问题。

（二）两类政策相互协调的意义和必要性

竞争政策与规制政策之所以需要相互协调，关键在于竞争性领域和垄断

---

① 竞争政策有广义和狭义之分，广义的竞争政策指的是所有促进市场公平竞争的政策，包括放松管制、贸易自由化、反垄断和私有化；狭义竞争政策与《反垄断法》和《反不正当竞争法》约束的范围相一致。本章研究的对象是狭义竞争政策。

行业之间的边界在动态变化。某一特定环节或领域，受技术进步、市场结构、产业组织变迁的影响，可能从垄断行业转变成可竞争性领域，也可能从可竞争性领域转变为垄断行业。竞争性领域的不断拓展对于竞争政策与垄断行业规制政策的协调与衔接提出了更高要求。

一是技术进步打破自然垄断格局，培育市场竞争格局需要规制政策和竞争政策相互协调。《新帕尔格雷夫经济学大辞典》所指的自然垄断环节包括，输配电网、光纤通信网、供水和供气管网、铁路网等具有投资的规模经济效应、资产的沉淀性与专用性、运行的外部性与系统协调性的实体网络。新自然垄断理论指出，自然垄断是典型的市场失灵，基本特征是成本的劣加性（subadditivity），即一个企业生产所有产品的总成本小于多个企业分别生产这些产品的成本之和。为了避免垄断定价导致的配置低效和社会福利损失，需要政府对企业进入和退出、价格、服务数量和质量、投资、财务等行为进行经济性规制，或者通过国有化政策接管这类企业。根据放松管制和可竞争理论，自然垄断行业的边界具有动态性，信息技术与实体经济深度融合带来的效率提升、市场需求扩大、成本下降正在改变原有自然垄断行业的技术特征、产业结构和规模经济的边界，自然垄断行业的属性将被削弱，更多社会资本将获得参与有效市场竞争的机会。届时，原有自然垄断格局将被竞争打破，政府、市场和企业之间关系进行相应调整，需通过产业重组真正引入竞争，市场竞争从无到有、从弱到强，规制相应地从强到弱甚至解除。在这个逐步进行的过程中，需要竞争政策与规制政策相互协调，有进有退。

二是伴随我国垄断行业改革深入推进，竞争政策适用范围不断拓宽，需要与规制政策更好衔接。《反垄断法》第七条以“国有经济占控制地位的关系国民经济命脉和国家安全的行业以及依法实行专营专卖的行业”的提法界定“垄断行业”，而竞争性领域是除了垄断行业之外的所有领域。竞争性领域的范围并非一成不变，而是随着我国垄断行业改革的深入而不断拓展。例如，

《中共中央 国务院关于深化石油天然气体制改革的若干意见》（中发〔2017〕15号）部署的重点改革任务包括：完善并有序放开油气勘查开采体制，允许符合准入要求并获得资质的市场主体参与常规油气勘查开采；改革油气管网运营机制，提出了管道独立、管输和销售分开、管网公平接入、公平开放。按照该意见，常规油气勘查开采、油气零售等环节已经是可竞争性环节，政府将放开准入限制和价格规制。又如，根据《国务院关于印发盐业体制改革方案的通知》（国发〔2016〕25号），改革盐业专营体制，全面解除对食盐的价格规制，同时加强针对哄抬价格、串通价格、囤积居奇等不正当行为的竞争政策执法，切实维护食盐市场公平竞争秩序。

三是在深化国企改革和促进民间投资健康发展过程中，竞争性领域持续拓宽要求竞争政策切实跟进。竞争性领域是我国在推进国有企业改革和鼓励非公经济发展进程中提出的，由此竞争性领域的市场规制和公平竞争政策也与相关体制改革密不可分。《国务院关于鼓励和引导民间投资健康发展的若干意见》（国发〔2010〕13号）鼓励和引导民间资本进入法律法规未明确禁止准入的行业和领域，鼓励民间资本以多种方式投资建设能源、交通等基础设施，可竞争性领域的范围大幅拓宽。党的十八届三中全会通过的《中共中央关于全面深化改革若干重大问题的决定》指出“国有资本继续控股经营的自然垄断行业，实行以政企分开、政资分开、特许经营、政府监管为主要内容的改革，根据不同行业特点实行网运分开、放开竞争性业务，推进公共资源配置市场化”。由此，自然垄断行业的竞争性环节被全面纳入竞争性领域的范畴。《国务院关于国有企业发展混合所有制经济的意见》（国发〔2015〕54号）指出，主业处于充分竞争行业和领域的商业类国有企业，运用整体上市等方式，积极引入其他国有资本或各类非国有资本实现股权多元化；主业处于关系国家安全、经济命脉的重要行业和关键领域的商业类国有企业，要保持国有资本控股地位，支持非国有资本参股；结合电力、石油天然气、铁路、民航、军工等领域改革，开展放开竞争性业务、推进混合所有制改革试点示范。与此同时，PPP 作为拉动民间投资的重要方式，在执行过程中出现一些不规范行为，近年来民营企业中标 PPP 项目的数量和投资规模占比呈现“双降”情况。为此，《国务院办公厅关于进一步激发民间有效投资活力促进经济持续健康发展的指导意见》（国办发〔2017〕79 号）要求加大基础设施和公用事业开放力度，禁止排斥、限制或歧视民间资本的各类行为，为民营企业创造平等竞争机会，支持民间资本股比较高的社会资本更多参与 PPP 项目，充分调动民间资本积极性。

四是深化“放管服”改革，大幅取消或下放行政审批权，价格市场化程度明显提高，需更多借助竞争政策约束市场主体行为。2013 年以来，中央政府以“简政放权、放管结合、优化服务”作为全面深化改革的“先手棋”和转变政府职能的“当头炮”，围绕重点领域和关键环节加大放权力度，大幅降低企业承担的制度性交易成本。包括彻底终结非行政许可审批，中央政府层面核准的企业投资项目削减比例累计接近 90%。目前，我国价格市场化程度超过 97.0%，比 2012 年提高了 2.7 个百分点，政府价格管理的比重目前已经不足 3%，其中中央政府管理价格的比重已降至 1.5%，对全国价格市场化程度提升的贡献度超过 70%，主要是放开电信业务资费、烟叶等专营商品价格、部分交通运输邮政服务价格等。同时，加强对具有垄断属性的重点商品如输配电价格的管理，推进价格规制现代化。根据《国家发展改革委关于进一步加强垄断行业价格监管的意见》，建立健全以“准许成本＋合理收益”为核心的约束与激励相结合的垄断行业定价制度，围绕输配电、天然气管道运输、铁路普通旅客列车运输、居民供水供气供热等重点领域，加快建立健全成本监审办法和价格形成机制。2020 年，网络型自然垄断环节和重要公用事业、公益性服务行业定价办法、成本监审办法基本实现全覆盖。

二、竞争政策与规制政策需要协调的重点选择及原因

协调竞争政策与规制政策的初衷，应当是促进竞争政策向垄断行业竞争性环节和一般竞争性领域拓展和延伸。为此，根据我国国情和当前实际，应控制行政垄断经由垄断行业向竞争性环节和一般竞争性领域扩散影响，对任何形式的滥用行政权力排除和限制市场竞争的行为，对于企业凭借行政垄断或公权庇护在竞争性环节形成的市场支配地位而采取的排除或限制竞争的行为，应予以高度关注，保持统一执法的高压态势。

(一) 协调竞争政策执法与垄断行业规制之间存在的管辖权冲突

在经济体制转轨期，我国公用事业基础设施领域出现的诸多垄断，实际上并不是市场优胜劣汰的产物，而是由计划配置资源和限制准入的行政垄断所致。当前，滥用市场支配地位的垄断行为除了存在于一般竞争性领域，更多发于石化、电力、铁路、电信、民航、邮政、自来水等公用事业和烟草、盐业等专营行业的可竞争性环节，被控诉的垄断行为主要是垄断资源、掠夺性定价、上游断供、服务质量低下、效率不高等。在这些行业和领域，竞争执法与行业规制之间容易出现管辖权冲突，每当遇到此类冲突，习惯性避让的是竞争执法机构，其在电力、铁路、石化等被规制行业一直难以有所作为。传统思维认为，在这些垄断行业存在政府定价和价格调控，不需要竞争政策执法。竞争政策执法避让的理由是与国家利益、经济发展、宏观调控、结构调整等政策目标不符。近年来，政府逐步放开垄断行业准入限制，鼓励各种社会资本特别是民间投资者进入垄断行业可竞争性环节，但因为缺乏具有可

操作性的准入规则和程序，以及竞争政策的空白与缺位，“弹簧门”“玻璃门”“旋转门”等破坏公平竞争的行为仍在滋生，以致在铁路、电力等自然垄断行业的可竞争性环节（如铁路客货运、发电、售电、汽柴油零售）有效的市场竞争格局也尚未见形成。可见，解决问题要善于抓住“牛鼻子”，竞争政策与规制政策协调的重点理应是这些关键而敏感的地带，只有在这些领域竞争政策“生根发芽”，才更具有全局性意义。

（二）强化对牵涉竞争性领域的大型国企的竞争政策执法力度

我国作为前计划经济国家，国有企业曾经是重工业化战略下实行要素计划配置和管理的组织保证，其垄断经营是计划经济的应有之义，与自然垄断行业的技术经济性没有必要联系。我国部分产业部门由国有企业垄断经营，个别大型垄断国有企业以部门或地方本位主义作为保护伞，往往垄断某些产品的生产、销售或原材料采购，排除或限制竞争，是竞争政策执法的重大挑战之一。它们无偿或低价占有和支配国家配给的特殊公共资源（如频谱、频道、岸线、路权等），存在利用公共职权和特殊资源谋取本企业私利的动机与可能性，其滥用市场支配地位的垄断行为，经常因为“不好立案、不好调查、不好举证、不好审理、不好下结论”等原因而得到放行。近年来，在我国以 PPP 方式参与市政基础设施投资的企业以国有企业居多，在很多城市，国有企业和国资控股企业占参与 PPP 项目社会资本的七成甚至更多。一方面，地方政府市政管理部门很难对国有企业尤其是央企集团下属企业的价格与成本、产品和服务质量、投资规模、设施安全等实施有效规制；另一方面，预算软约束使得部分国有企业只考虑盈利前景，过度投资扩张生产能力，民间投资主体受到国有资本投资挤出效应的影响，参与 PPP 项目的数量和资金规模双双下滑。因此，强化对牵涉竞争性领域的大型国有企业的竞争政策执法力度，确保市场公平竞争环境，是激发民间有效投资活力的重要支撑之一。

（三）主动审查通过行政性经营者集中向竞争环节扩张的垄断行为

个别部门和地方政府习惯于“拉郎配”，即鼓励垄断行业大型国有企业（尤其是央企集团）兼并其他企业，甚至强迫某企业加入某集团，或者强迫某经济效益较好的集团接管其他经济效益不佳的企业，这是一种涉嫌限制竞争的行为，直接妨碍企业作为独立主体参与市场竞争。在我国，当国有企业之间遵从国有资产战略部署进行并购或重组时，竞争政策主管机构会更多考虑并购或重组对国民经济发展的积极影响，进而客观上可能放弃审查。历史上中国联通和网通合并、南车和北车合并成中车集团等，均未向当时的反垄断主管部门进行经营者集中申报，反经营者集中的主管机构当时也未主动进行审查。近年来，央企在各地同行业开展的所谓“跑马圈地”“跑马圈水”，阻碍了体制内国有企业竞争性转变，也阻碍了体制外企业进入其所在的基础设施行业。央企集团在各地大肆并购同业竞争对手，可能已涉嫌排除或限制竞争。例如，中石油组建了主营城市燃气的昆仑燃气公司，利用其在气源供应与管道运输方面的先天优势，先后进入20多个省（区、市）市政燃气经营领域，已获得近100多个城市燃气特许经营权。又如，国家电网公司向上游并购了平高和许继两家在输配电设备行业各自产品领域排名三甲的企业，达到了向上游竞争性设备制造环节纵向扩张、排斥竞争对手的目的，当然近期改革方向之一就是纠正这种不当行为。此外，部分国有企业集团通过行政手段把上、下游具有供应关联关系的企业捏合在一起，并不断加强对下属企业人事、财务等方面的内部控制，对有关部门隐瞒成本和收益，导致严重的信息不对称以致政府规制失灵。可见，竞争政策有必要与规制政策相互协调、密切衔接，从而对借助行政力量实施经营者集中的各类垄断行为开展主动审查工作。

三、竞争与规制政策体系相互协调的四大难点

竞争政策与规制政策本来就是两套不同的政策体系，受历史和传统的影响，这两套政策体系之间在理念、规则、机构、方法及评价标准方面都有一定差异，这些差异正是竞争与规制政策相互协调的难点所在。

（一）竞争与规制相协调的法律基础和规则体系尚不健全

我国《反垄断法》并没有对竞争政策与垄断行业规制政策的协调作出明确的约定，只是在第七条建立了针对垄断行业的“适用除外”条款，即“国有经济占控制地位的关系国民经济命脉和国家安全的行业以及依法实行专营专卖的行业，国家对其经营者的合法经营活动予以保护，并对经营者的经营行为及其商品和服务的价格依法实施监管和调控，维护消费者利益，促进技术进步。”《反垄断法》提及“国有经济占控制地位”“依法实行专营专卖”等“适用除外”的条件，没有提及相关行业的具体特征和经济、社会功能。“国有经济占控制地位”是对我国经济客观现实的刻画，一直以来学界和实务界希望政府或立法机关能够明确《反垄断法》“适用除外”的相关行业并给出具体领域，但有关部门至今尚未予以明确。随着体制改革的深入，食盐专营和政府定价已取消，取消烟草专营的改革呼声也较高，未来竞争政策对专营专卖行业“适用除外”的范围应越来越小。

2017 年，国家发展改革委修订《政府制定价格行为规则》，更加突出依法

行政的要求和充分发挥市场在价格形成中的决定性作用，进一步缩小定价范围，将其限定至“重要公用事业、公益性服务和自然垄断经营的商品和服务”，这客观上为竞争政策的适用拓展提供了一定的条件。但是，作为价格领域的上位法，《价格法》（1997）尚未走完修订程序，对于价格规制体系的规定仍较为粗略，不适应当前公用事业规制现代化的新挑战和新要求。此外，其他与公用事业相关的部门法，包括《中华人民共和国电力法》《中华人民共和国电信条例》《中华人民共和国邮政法》等形成于政企合一的年代，同样是多年未修改，未能与时俱进就对应领域的规制体系、规制与竞争关系作出适当安排。总体来看，当前相关法律规则体系尚不健全，对于规制与竞争相互协调的必要性和方式未予足够重视，仍缺乏较为明确的法律法规约定。

（二）竞争和规制的主管机构职责不完备且较难沟通协调

当前，在经济性规制领域，多头管理、机构和职能重复建设等问题较为突出，高层次议事协调机构无法从根本上弥补竞争和规制主管职能分散的体制问题。以垄断行业为例，核发经营许可、核准基建投资项目、财务监督、核发补贴、核定价格，属于多个部门职责。规制主管部门之间较长期存在的沟通不畅等问题，如物价部门难以掌握作为定价依据的全部成本信息，在一定程度上影响到规制效果。历史上的反垄断执法领域也是如此，中央层面曾经有国家发展改革委、商务部和原国家工商总局三家机构共同执法，当时基层的工商执法、价格监督检查执法、商务执法风格迥异，难免各自为战。2018年，根据党的十九届三中全会作出的《中共中央关于深化党和国家机构改革的决定》及《国务院关于机构设置的通知》（国发〔2018〕6号），组建国家市场监督管理总局，将分散在多个部门的反垄断执法职能进行了整合。与此同时，在基层整合组建市场监管综合执法队伍。此次机构调整在一定程度上纠正了规制主管部门与竞争主管部门政出多门、权责不一等问题，但是竞争和规制主管部门彼此之间的信息共享、畅通协调和高效联合执法尚待进一步推进。

（三）竞争和规制的方法工具差异性明显影响信息沟通和业务协调效果

竞争政策领域对经济分析等现代法经济学工具较为倚重，对于相关市场、市场集中度等执法依据的核心参数一直探求更为精准的、一致性较强的量化标准和方法。虽然我国反垄断的立法与执法实践起步较晚，但是近年来，反垄断执法机构执法数量明显增加，执法案例和基础数据不断积累，竞争政策的大数据平台和体系架构日臻完善。竞争政策与规制政策相互协调，必然要求规制和竞争执法数据互联互通。但是，在竞争政策与规制政策探索相互协调过程中还是会碰到一系列问题。首先，垄断行业（公用事业）规制所倚重的有效规制手段和激励性规制方法，与竞争政策领域的手段和方法本来就有明显的差异，对成本、利润率等主要参数的要求可能不尽相同。其次，规制主管机构尚未全面建立统一的规制信息系统，无法定期获得符合成本规制要求的独家垄断企业的相关成本信息，与被规制企业之间本来存在不同程度的信息不对称。近年来，随着输配电等垄断行业价格改革深入推进，被规制企业开始定期提供符合规制规则的成本数据，相关行业成本监审水平也有一定程度的提高。但是，目前来看，竞争主管机构通过与规制主管机构沟通协调的方式，获取有利于印证特定垄断行业竞争性环节的相关市场规模、成本构成、利润水平等数据，仍存在一定的难度，不仅要面对理念思维模式的差异，更主要的是存在体制性、技术性壁垒。

（四）竞争和规制影响评估皆是方兴未艾，决策公开度和透明度较低

在我国，竞争影响评估和规制影响评估都处在由理念、理论阶段迈向实践的过程当中，绝大部分地区和领域都尚未实质性开展，基于科学的竞争政策或规制政策评估工作体系尚未建立，仍无法从源头有效杜绝权力的自由裁量与滥用。从考核体系来看，我国竞争和规制领域的政府干预和命令控制特征仍较为明显，竞争和规制考核主要是上级对下级的行政考核，常态化规范化的问责机制尚未形成。与此同时，行业自律、舆论监督和公众参与等机制尚未充分发挥作用，检测、认证、公证、鉴定、评估等公共管理的中介环节，依然存在“公”的色彩，行业协会缺乏竞争和规制的专业知识及主动协助执法的积极性。

当前，我国信用法律制度体系尚不成熟，守信激励机制不健全、失信惩戒机制薄弱，导致部分政府机构和市场主体存在钻法律和制度空子的情况。在地方通过PPP等方式引入民间投资者参与市场竞争的过程中，由于地方政策变化太快而导致民营企业经营不善，产品或服务质量大幅下滑甚至退出的情况时有发生。地方保护和地区分割在部分地区尤其是中西部地区广泛存在，营造公平竞争环境面临十分严峻的挑战和任务形势。

四、促进竞争政策与规制政策相互协调的思路和对策建议

随着信息技术与实体产业的深度融合，以及垄断行业和国有企业改革的深入推进，垄断行业竞争性环节越来越多，一般竞争性领域的外延得到明显

拓展，由此，促进竞争政策与规制政策协调衔接，成为推进竞争和规制体系现代化，保障市场公平竞争环境的关键。当前和未来一段时期，发挥竞争执法与政府规制“组合拳”的作用，涉及完善组织机构协调机制、夯实法律基础和规制体系、促进信息共享与互联互通、健全决策影响评估机制等若干方面。

(一) 完善竞争政策与规制政策相互协调的组织机制

一是在中央层面成立“规制质量改善委员会”，与国家反垄断委员会联合协调规制政策和竞争政策。考虑我国国情、参照国外经验，在规制领域成立高级别的议事协调机构，规制质量改善委员会主要职责包括推进规制领域的主要立法协调工作，推动主管机构及职责的法律授权或认定工作；与国家反垄断委员会共同协调竞争政策与规制政策，制定竞争政策与规制部门之间的信息共享准则和互联互通工作机制；在重要领域及其关键环节，牵头或参与制定规制机构、竞争政策机构的自由裁量权基准，组织开展规制或竞争影响评估，设立科学而合理的评估程序与问责机制。

二是组建相对独立的专业性规制局，在一定程度上保障规制决策独立性，并协调与竞争政策的关系。将国家能源局、铁路局、民航局等进一步改组为专业性规制局，剥离行业规划等发展职能，大幅取消或下放其在竞争性领域的行政审批权，同时赋予其相对完备的规制职责。探索在地方成立市政公用事业规制委员会，综合承担市政公用事业（供水、供气、供暖等）准入、投资、价格、服务质量等规制职能，同时负责与竞争政策执法机构的基层协调。

（二）夯实竞争政策与规制政策相互协调的法律基础和规则体系

加快竞争和规制领域的立法与修法进程，酌情考虑明确与竞争政策的协调与衔接问题。一是适时修订《反垄断法》，明确其与其他竞争法及规制政策、产业政策的动态协调机制，必要时增补相关细则或执法指南。在测定需求弹性、需求交叉弹性、相关市场范围、市场集中程度、合理成本水平时，积极采用先进的定量分析方法与工具，并在专项执法指南中明确计量方法的使用与关键指标的采集流程。二是探索制定国家公用事业法或加快修订电信、电力等垄断行业的部门法，对规制目标与原则、机构权责、规制机构与其他部门关系、负责人任免、人员专业结构及任职标准、规制程序、问责机制等作出明确规定，尤其要对在公用事业规制领域采用价格上限、浮动收益率、区域比较（标尺竞争）等激励性规制方法进行明确约定和授权，从而确保规制政策的可预期性和规制效能的提升。三是要在法律层面完善特许经营权制度，提高特许经营权授予阶段的竞争性和透明度，更好发挥该制度在事前竞争中发现价格的功能，规范基于特许经营合同的规制行为，建立健全针对市场主体和政府部门各类失信行为的惩戒机制。四是对竞争政策机构和规制机构拥有的立案、调查、判定及处罚权加以限制，依法保护行政相对人拥有的知情权、申诉权和抗辩权，要求整个处置过程公开透明，接受社会监督。

值得注意的是，有必要根据国际惯例，探讨基于国情和发展阶段适度适时缩小“反垄断”适用除外原则的适用范围。从美国、德国、日本等国家情况来看，能源和交通等行业早已逐步退出《反垄断法》适用除外制度的范畴。我国已经迈入中等收入国家行列，三次产业结构趋向发达国家，基础设施建设在主要城市已经接近饱和，产业结构调整与升级方向是降低经济发展对“两高一资”行业的依赖。伴随信息技术与基础工业的深入融合，原有市场结构和产业生态正在发生变化，加之国家鼓励民间投资通过PPP等方式进入基础设施产业。所以，对于基础工业中存在的行政垄断、垄断协议等侵害消费者权益的案例容忍度越来越低，有必要就相关行业适用反垄断法进行调整进行充分探讨，以更好地寻求提升行业竞争力与维护公共利益之间的平衡。

（三）促进竞争和规制决策与执行过程公开透明，避免信息不对称

一是着力增进竞争与规制机构之间的信息共享与互联互通。建立针对自然垄断环节独家经营企业的规制信息上报系统，督促该类企业定期按规定格式和要求填报成本等重要信息，由规制机构代表消费者定期进行评估。竞争主管机构与规制机构之间通过签署关键信息共享和备忘录等方式建立互联互通工作机制，如果某垄断经营企业同时在其他竞争性环节开展业务，竞争主管机构需要参阅其在垄断环节经营信息及规制机构相关调查办案文书的话，规制机构可以在接受查阅申请后积极予以配合。同样，竞争主管机构将各类反垄断与反不正当竞争案件的经济分析与法律分析报告及相关审查和办案文书纳入两类机构信息共享范围，规制机构有工作任务确需调阅相关信息资料时，竞争主管机构按照有关流程予以积极配合。条件允许的情况下，竞争和规制机构可以联合建立全国竞争与规制执法信息共享平台，减少执法信息搜寻和协调成本，提高执法透明度与效力。

二是竞争与规制决策和执行信息向全社会公开，接受公众监督。无论是由立法机构颁布的法律法规、政府竞争主管或规制机构发布的实施细则还是执法规程，都不能只有政府部门内部讨论或依靠部门间会签，而必须有实质

性公众参与，特别是实施细则和执法规程必须经过相关利益方充分讨论与质询后才可以实施。有必要召开听证会、审议会、咨询会邀请相关利益主体参加，就竞争或规制决策潜在经济社会影响进行充分辩论。为减少竞争和规制机构与普通民众之间的信息不对称，竞争主管机构和规制机构的决策依据、原则、程序、关键参数和文书应向全社会公布，主动接受公众质询，以增强普通民众对竞争和规制政策的理解与支持。

（四）建立避免竞争和规制机构决策失误及滥用权力的影响评估机制

为了增进民众对政府实施竞争政策和规制政策的理解与认同，为竞争和规制决策提供重要参考，达到改善竞争和规制决策、提高竞争和规制质量的最终目的，建议借鉴国外成熟市场经济国家的经验，对拟出台或已出台的竞争政策和规制政策的影响进行全面而系统的评估，并将其作为竞争政策和规制政策出台的重要环节与关键程序。对于拟出台的竞争政策或规制政策的影响评估，要解释特定竞争政策或规制政策提出的目标、面临的困难风险及实现目标的关键条件，并根据已有资料就其对经济、社会各个方面可能产生的积极或消极影响进行全面而公正的评估。对于已经实施的竞争政策或规制政策的影响进行后评估，其评估重点为是否实现了预定政策目标，在实施过程中有哪些经验教训，对进一步完善实施过程提出有针对性的意见建议。作为必要环节，应将竞争影响评估或规制影响评估的结论作为对竞争或规制机构、个人进行履职考核和问责的重要依据。同时，要及时将竞争或规制影响评估报告向全社会公布，主动接受公众监督。

参考资料目录

[1] J. 格里高利·西达克，丹尼尔·F. 史普博. 美国公用事业的竞争转型：放松管制与管制契约 [M]. 宋华琳，等译. 上海：上海人民出版社，2012.

[2] J.E. 克伍卡，L.J. 怀特. 反托拉斯革命——经济学竞争与政策：第六版 [M]. 林平，臧旭恒，等译. 北京：经济科学出版社，2017.

[3] [美] 丹尼尔·F. 史普博. 管制与市场 [M]. 余晖，何帆，钱家骏，等译. 上海：格致出版社，2017.

[4] 席涛. 美国管制：从命令-控制到成本-收益分析 [M]. 北京：中国社会科学出版社，2006.

[5] 王晓晔. 反垄断法 [M]. 北京：法律出版社，2011.

[6] 刘树杰. 论现代监管理念与我国监管现代化 [J]. 经济纵横，2011(06)：1-7.

[7] 郭丽岩. 从管控型监管迈向治理型监管——市场监管的体系建构、重点领域与推进机制 [M]. 北京：中国工商出版社，2015.

第五章
加快确立竞争政策基础地位的国际经验及启示

内容提要： 竞争机制是市场机制最重要的组成部分之一，加快确立竞争政策基础地位，对经济全面转向高质量发展具有极其重要的意义。本章结合欧盟、美国、英国、澳大利亚、日本等国经验，从完善政策框架体系、提高执法机构效率和优化执法操作三个维度，分析了上述国家和地区确立竞争政策基础地位的主要做法。之后对我国确立竞争政策基础地位的背景进行了国际比较，指出我国与发达国家存在市场经济演绎逻辑的差异，在此基础上分析了我国的特殊性，提出了具有针对性的政策建议。

2015年10月12日，《中共中央 国务院关于推进价格机制改革的若干意见》明确提出要“逐步确立竞争政策的基础性地位”，为竞争政策的顶层设计提出了明确方向。党的十九届四中全会又进一步提出要“加快完善社会主义市场经济体制”“强化竞争政策基础地位”的目标，充分说明竞争政策对理顺政府与市场关系、完善社会主义市场经济体制具有重要的战略意义。竞争政策基础地位是指以竞争的基本理念和政策原则指导与规范其他经济政策和社会政策的制定与实施，并通过政策约束和案件执法避免排除和限制市场竞争的行为，使竞争政策成为引导和约束其他政策和改善竞争环境的基础性经济政策。具体包括：竞争法律的上位性，政策执行机构的独立性和权威性，政策工具的优先性。因此，要从这几个维度总结其他国家优化竞争政策体系的成功经验，为完善我国市场经济体系提供有益参考。

不同国家在特定经济发展的历史时期都意识到竞争政策对提升经济发展质量和优化经济结构的重要意义，进而采取一系列措施逐步确立了竞争政策的基础地位。美国1940年将竞争原则确立为经济组织的核心原则。法国1986年法令遵循了《罗马条约》第81、82条的基本结构，明确竞争政策在经济政策中的重要地位。澳大利亚1995年开始通过一系列改革确立国家竞争政策。新加坡2004年通过了竞争法，又于2005年成立了竞争政策管理委员会。此后，竞争政策在经济政策中开始扮演重要角色。1990年爆发的经济危机迫使日本逐步让竞争政策取代了产业政策的核心地位。这些国家都从完善法律制度及政策框架、整合执行机构、提高组织效率、优化执法工具组合等方面逐步确立了竞争政策的基础地位，值得我国借鉴。

一、国外竞争政策基础地位确立的做法与经验

目前已有130多个国家建立了竞争政策，且大多数国家都将竞争政策列为经济政策的核心内容之一。虽然没有两个国家的竞争政策完全相同，但多数国家都是从法律的上位性、机构的独立性和政策的权威性这三个层面来确保竞争政策成为其经济组织的核心原则。

（一）法律制度与架构层面的做法与经验

完善的法律体系是竞争政策实施的基础和核心，通过法治的完善能够保

障竞争政策的权威，并在执行中形成有效的约束框架，对各类排除和限制竞争的行为形成威慑。大多数国家通过保障竞争法的上位性、优化调整竞争法内容和成立配套法律政策等方式确立竞争法在经济领域中的重要地位。

1. 明确反垄断法在经济法中的核心地位

美国是世界上最早实施竞争政策的国家，其所有竞争政策几乎都通过法律形式予以明确。美国于1890年颁布实施了第一部反托拉斯法——《谢尔曼法》，并通过半个世纪的努力，明确了《谢尔曼法》“经济宪法”的地位，为竞争政策的实施奠定了重要基石，扫清了制度障碍。一方面，美国最高法院将《谢尔曼法》视为经济自由的综合大宪章，1940年以后通过严格执行《谢尔曼法》的相关规定来保护作为贸易规则的自由和无拘束的竞争，逐步确立了其在经济法中的核心地位。另一方面，从理论上为严格执行《谢尔曼法》提供了依据。

《谢尔曼法》勾勒出了美国竞争政策法律体系的基本发展框架，并在当时的经济背景下明确了竞争法的主要内容：一是明确在州及国际贸易中通过协议或其他形式形成的共谋行为即非法行为；二是明确了对受到托拉斯垄断损害当事人给予赔偿的原则。对任何形成垄断、企图垄断，或与他人共谋垄断州际和国际贸易的行为构成严重犯罪。美国通过强制性的法律将当时阻碍州际和国际自由贸易的行为定义为犯罪，并予以严厉处罚。《谢尔曼法》是一部具有开创性意义的法律，确立了竞争法律的核心地位，并为美国竞争政策的执行揭开了新篇章。

2. 动态完善反垄断法以保障其权威性

由于经济社会发展时代背景在不断变化，竞争政策要通过阶段性调整才能适应当时经济社会发展的需要，进而发挥核心指导作用。美国通过不断提升《谢尔曼法》的惩罚力度增强其威慑性，根据经济社会发展需要调高法律的惩罚标准来维护竞争法律的权威性。

具体而言，1890 年美国颁布反垄断法时，违反《谢尔曼法》第一条、第二条和第三条仅构成轻罪，违法者不区分公司和个人，处最高 5 000 美元的罚金或 1 年以下的监禁。1975 年对罚则作了重大修订，违反第一条、第二第和第三条更改为重罪。如果参与人为公司，将被处以不超过 1 000 万美元的罚款；如果参与人为个人，则被处以不超过 35 万美元的罚款或 3 年以下监禁，或由法院酌情并用两种处罚。2004 年美国又颁布《提高和改革反托拉斯刑事制裁法》，将自然人刑事监禁上限提高至 10 年，对公司和个人的最高罚金分别提高至 1 亿美元和 100 万美元。通过惩罚标准的提高，使实施垄断行为的犯罪成本不断提升，加之执法力度的增强，《谢尔曼法》对潜在垄断行为的威慑力进一步强化，从而确保其权威性无法被撼动。

3. 形成系统协调的竞争法律体系

英国从 1948 年第一部竞争法诞生后，经过半个多世纪的演化发展，形成了体系完善且结构合理的竞争政策法律。其中，《1998 年竞争法》是其竞争法律体系的基础，后又制定了《限制性贸易行为》《转售价格法》和《公平交易法》分别解决垄断协议和转售价格维持等垄断问题。法律体系的完善使违反竞争政策的相应行为都能在法律框架内予以解决。

美国于 1890 年颁布了《谢尔曼法》后又不断对其法律体系进行充实和优化。由于在《谢尔曼法》中禁止垄断和限制竞争的条款不够明确具体，对垄断行为的界定存在过大自由裁量空间，实际执行中容易产生分歧和误解。并且其对参与垄断行为的市场主体只限定在企业范畴中，未对垄断组织予以限制。加之政府奉行放松管制政策，对托拉斯组织拆分不够彻底，遏制托拉斯组织发展势头并不明显。因此，美国又先后通过了《克莱顿法》和《联邦贸易委员会法》，对《谢尔曼法》形成了有效补充，使美国竞争政策法律较为完整和协调，为确立竞争政策在美国经济政策中的基础地位提供了坚实的法律保障。

（二）执行机构与组织层面的做法与经验

大多数国家通过设置权威单一的执法机构，将执法职能从具有多种职能和多元化政策的综合部门中转移出来，使竞争政策职能更加统一和透明。同时，可以将政策责任统一起来，以克服执法机构在管辖边界问题上出现执法责任主体不清等矛盾，同时避免了协调不同机构的行动所带来的成本。

1. 多措并举维护执法机构的独立性和权威性

较多欧洲国家都采用设置独立统一竞争执法机构的做法，如捷克竞争维护办公室是捷克竞争政策的唯一执法机构，该机构在保持独立性和权威性方面采取了一系列措施。首先，办公室设在捷克第二大城市布尔诺而非首都布拉格，具有较强的独立性寓意。其次，捷克竞争维护办公室的任何决策不受政府部门甚至总理的影响。同时，办公室总裁可以参与经济政策的制定，对任何排除、限制竞争的情况提出修改意见。最后，若发生行政垄断案，办公室有权对政府部门罚款，具有较高权威性。近几年的一次行政垄断案中其对地方政府罚款高达 1 000 万克朗。

2. 以科学的制度设计保障竞争政策的顺利实施

澳大利亚竞争政策中最核心的制度之一是竞争审查，通过财政激励推动竞争审查的全面实施，进而为确立竞争政策基础地位扫清障碍。澳大利亚联邦政府为各州政府提供了大量资金，条件是进行竞争审查。新建立的国家竞争委员会（National Competition Council，NCC）统一评估这些审查工作是否适当。如果履行适当，州政府就能获得资金。财政激励机制和检查指导制度的结合，为澳大利亚废除含有限制竞争的相关文件扫清了制度障碍，而且规制行政性垄断成效明显，巩固了竞争政策的基础地位。

3. 将多个竞争执法机构合并确保竞争执法统一性

英国于 2014 年 4 月 1 日将两个竞争政策管理机构竞争委员会（Competition Commission，CC）和公平交易办公室（Office of Fair Trading，OFT）合并成统一的机构竞争与市场管理局（Competition & Market Authority，CMA）。合并后机构的目标是成为值得信赖和具有挑战性的政府竞争政策顾问。通过最大限度地与中央和地方政府及公共机构合作，英国政府试图在一些政策限制竞争发挥作用或者违背竞争机制时，建设性地影响法律和政策制定，提出兼顾竞争的替代办法。在实践中，CMA 力争实现政策对竞争不利影响的最小化，鼓励政府采用有利于竞争的措施实现政策目标，避免引入损害竞争的政策或做法。如果特殊情况下为了实现更重要的公共政策目标，对竞争造成的影响是不可避免的，就要评估这些政策对竞争造成的损害，并尽可能地减少这种损害。CMA 对政府决策的影响发挥着越来越重要的作用，其影响力通过多种途径得以发挥。当政府组成部门或其他公共决策部门决策可能对竞争产生影响时，CMA 会向相关部门提供有关其任何职能的信息和建议。CMA 通常要经过对市场的深度研究或调查才能提出对政府的建议，因此往往对政府具有较强的影响力。同时，CMA 还试图通过立法获得更多权力，目前政府承诺接受威斯敏斯特立法中 CMA 获得具体权力的建议。CMA 还利用其在专业方面的优势积极为中央和地方政府提供建议，鼓励使用有效的竞争来改善市场交易行为，并为英国消费者提供竞争充分的多样化选择。

（三）执法工具与操作层面的做法与经验

权威高效的竞争执法工具和体制能够夯实竞争政策的基础地位，各国都从执法范围、政策协调、经济发展趋势和竞争倡导多个方面不断优化和完善竞争政策工具和体制，保障了竞争政策工具的优先性和体制的权威性。

1. 逐步实施竞争中立制度确保市场公平竞争

竞争中立制度起源于澳大利亚的经济改革。1995 年 4 月 11 日，澳大利亚政府采纳了《希尔墨报告》的建议，并于 1996 年发布了《联邦竞争中立政策声明》，开始推行竞争中立制度。《希尔墨报告》明确，政府商业活动不应当仅凭其公共部门所有权而享有高于私营部门的竞争优势。此后，澳大利亚又进行了以简化国有企业运营方式、核算特定职能成本、给予商业化回报、厘清公共服务义务、税收中立、监管中立、债务及补贴中立、公共采购中立等措施为核心内容的改革，使竞争中立政策逐步得以实施。竞争中立制度维护了市场主体间的公平竞争，并形成了系统的竞争中立规则和完善的配套执行机构，为竞争中立规则在全国范围内的推广奠定了基础。

2. 使产业政策适应竞争政策的发展要求

一国竞争政策的有效实施还必须考虑其与经济系统内其他制度的兼容性，尤其是在市场机制不健全的发展阶段，政府与市场的机能互补在经济发展过程中起着十分重要的作用。关于竞争政策如何处置政府为实现产业政策目标所采取的限制竞争行为，日本提供了一个较好的范本。

20 世纪 50 年代至 70 年代，日本经济高速增长，此阶段日本以产业政策为主，竞争政策的相关法律法规处于“禁止休眠期”。之后日本找到了竞争政策与产业政策的融合点，即竞争政策服从产业政策。日本改变了产业政策优先的做法，逐步开始重视竞争政策的作用，通过竞争政策维护公平竞争市场机制和市场环境，调整产业政策的思路，使其符合竞争政策的相关要求，改变主观选择产业的做法，实现了产业政策与竞争政策的有效融合，进而维护了日本的经济体制，实现了经济增长目标。

3. 不断完善竞争政策以适应经济发展需要

竞争政策只有不断适应经济发展形态、结构和特征的需要，才能始终在各项经济社会政策中保持其核心地位。通过竞争政策与经济发展特征的融合，才能明确阶段性竞争执法重点，进而集中执法力量，产生较大的威慑力和影响力。

澳大利亚对竞争政策进行动态完善以适应经济发展的需要，进而巩固其长期的基础地位。主要举措：一是将《贸易行为法》中禁止反竞争行为的适用范围扩展到适用所有企业（此前对国有企业和部分私企实行相应的豁免）；二是引入“竞争中立”规则，以避免不同类型企业间不公平竞争的问题；三是进行全面的竞争审查，废除或整改限制排除竞争的法律和政策文件，只有证明某种排除、限制竞争的方式能够带来更大的公众收益，才能实行相应的豁免。此外，澳大利亚还规定了特殊条款的使用条件，即限制竞争对于全社会的利益超过限制竞争的代价，只有通过限制竞争，立法的目的才能达到，仅在这种情况下才可以让例外条款维持法案原状。澳大利亚政府不断地对现有限制竞争的立法加以检查和改革，以确保竞争政策的基础地位不动摇。

4. 开展多维度竞争倡导进而形成文化软约束

竞争倡导作为竞争政策中的软约束，与竞争法律的硬约束共同构成了竞争政策的制度框架，能够通过营造良好的竞争氛围为公平竞争提供有效的市场基础环境。同时，通过加强市场主体的竞争意识教育，防止各类排除、限制竞争的情形出现。

奥地利联邦竞争管理局在竞争倡导方面的工作颇具特色。一方面，竞争管理局定期举办校园模拟法庭活动，将各类竞争执法案例重新还原，并邀请在校学生参与案件的审理。奥地利的竞争意识早期培养，加深了学生对竞争政策的了解，同时也是竞争管理局进行人才储备的一种方式。另一方面，竞争管理局每两个月会举办企业竞争论坛，选择与企业切身利益相关的竞争政策问题作为切入点，邀请企业进行午餐会，宣传讲解相关竞争政策，强化对市场主体的竞争教育。通过组织模拟法庭和研讨会等方式加强竞争倡导，为竞争政策基础地位的确立创造了较好的基础条件，营造了有利于公平竞争的市场和社会环境。

5. 开展竞争影响评估

组织开展竞争影响评估是各国竞争主管机构的通行做法，评估一般在有关规定颁布实施前进行。竞争主管机构会根据评估结果，向有关机构提出建议。通常竞争评估一般会有明确的指引。OECD（经济合作与发展组织）于2007年发布了竞争评估工具书，指导竞争主管机构对有关法律和规定的竞争影响进行评估。新加坡竞争委员会于2008年也制定了《政府机构竞争影响评估指南》，对竞争评估的程序、考虑因素及如何减少对竞争的不利影响进行了规定。欧盟成员国在竞争评估方面也有各自的做法，西班牙竞争政策主管部门向地方政府发布了不具约束力的竞争评估导则，要求政府在制定监管政策时考虑其对竞争的影响。意大利竞争政策主管部门可以在行政法令或政策出台后，就其可能产生的反竞争影响对行政法令或政策提出挑战。瑞典和芬兰的竞争法中对政策制定有竞争中立的相关约束条款。英国开展竞争影响评估的程序较为规范：一是制定政策目标和明确可能的政策选择；二是识别受影响的市场；三是在受影响的市场中评估和比较政策选择对竞争的影响；四是选择最合适的政策选项，并减轻对竞争的不利影响；五是在必要的情况下，对政策实施进行事后评估。

二、我国与国外竞争政策基础地位确立背景比较

我国确立竞争政策基础地位的背景与发达国家存在一定差异，这源于我国市场经济体制的非原生性。因此，在确立基础地位的过程中，要结合我国的实际情况，注重自身市场经济体制的特殊性，借鉴其适应我国经济发展特点的部分。

（一）我国和发达国家市场经济演进逻辑的差异

我国与发达国家市场经济的关键不同点在于内源性与外源性市场经济的差异。发达国家是经过历史演进自然形成的原生市场经济体系，而我国是在社会主义制度的基础上，通过不断借鉴学习移植的市场经济体系。与发达国家相比，我国市场经济体制还不够完善、功能还不够完备。一是社会主义市场机制还不够有效，竞争机制、价格机制和供求机制在市场经济中的作用不如发达国家发挥得充分。因此，在确立竞争政策基础地位的过程中，我国比发达国家面临更多壁垒和障碍。二是微观主体在市场中仍存在不平等现象，以致不能较好地发挥优势，激发活力。不公平竞争致使资源在不同市场主体间错配，现阶段仍然是困扰我国经济转向高质量发展的一个重要问题。三是在确立竞争政策基础地位的过程中，更需要妥善处理好竞争政策与其他政策的关系，防止出现过度改革而威胁到经济持续健康增长的状况。

（二）我国竞争政策基础地位确立背景的特殊性

由于我国是经历计划经济转轨后形成的市场经济，因此，政府与市场的边界还不够清晰，两者的关系还没有完全理顺，市场在资源配置中起决定性作用还不能完全实现，确立竞争政策基础地位时还需要考虑我国的实际情况。结合中国市场体系的相关特征，才能真正让竞争政策服务于社会主义市场经济。

一方面，政府行政指令干预经济的情况依然存在，而且，在我国经济发展中政府仍然扮演着重要角色，其规划和调控等的功能对经济发展至关重要。因此，如何通过竞争政策找到政府与市场的黄金结合点仍值得深入探讨。另一方面，竞争文化缺失有损竞争政策推进的外部环境。虽然近年来法律制度建设和竞争执法有了长足进步，但我国目前只有部分企业和政府部门形成了较为完备的竞争意识，一些企业无视竞争法律、一些政府部门为发展地方经济而排除、限制竞争的现象仍然存在。且公众对垄断行为认识不足，维权意识不够。竞争文化和理念的缺失，难以形成政府、企业、公众的三方合力进而确立竞争政策的基础地位。

（三）国外经验对我国确立竞争政策基础地位的适用性

通过对不同国家竞争政策基础地位确立过程的梳理发现，各国都是在面临经济发展动力不足，寻求新经济增长点的过程中开始重视竞争政策，这与我国当前改革的内生动力十分相似。我国社会主义市场经济的四梁八柱已经建立，经济增长也从速度增长向质量增长转变，改革已进入攻坚克难的深水区。因此，也要依靠竞争政策发挥竞争红利推动经济彻底转向高质量发展阶段，在这个过程中，国外确立竞争政策基础地位的相关手段和政策工具同样可以借鉴。

三、国外经验对我国竞争政策基础地位确立的启示

通过对国外确立竞争政策基础地位经验的分析，结合发达国家与我国经济体制差异的大背景，提炼适用于我国的相关启示。要结合我国阶段性发展目标，以凸显反垄断法上位性为首要任务，推动机构整合后的协调性，利用竞争审查强化竞争政策的优先性，并在实践中不断总结经验，营造良好的竞争文化，才能从根本上确立竞争政策的基础地位。

（一）明确服务于高质量经济发展目标

竞争政策要与阶段性经济发展目标相融合，才能不断巩固其基础地位。一是通过科学的制度设计强化市场的竞争性。在大型经济基础设施投资建设等影响较大的项目中，要防止串谋投标、设置隐性壁垒和技术指标等操纵投标的现象，保障市场准入的公平性和开放性，让最具效率的企业给社会提供所需要的产品，从根本上提升产品和服务的“含金量”。二是根据目前经济发展阶段需要，设置相应的执法重点，节约执法资源。可借鉴英国设置数字经济、金融等领域为执法重点的经验，加强对相关领域的研究分析，结合经济发展模式变化设置相应的执法重点。三是以形成国内统一大市场为导向增强市场体系的统一性，将市场体系建设纳入政府考核的相应框架中，以打破区域垄断和壁垒为重点，实现资本和要素的自由流动，提高资源配置效率，最终实现增长动力的转换。

（二）凸显反垄断法作为经济宪法的地位

从各国的实践看，不断巩固竞争法在经济法中的核心地位是确立竞争政策基础地位的首要条件。一要根据经济发展中遇到的新问题不断修改完善我国反垄断法，尤其在大数据等新技术发展迅猛时期，立足于传统经济形态制定的反垄断法可能在某些方面的适用性相对减弱，为了保持其在处理经济领域相关案件中的绝对权威性，要适时对其进行调整。二要增强反垄断法的约束力。要增加私人诉讼的相关条款，扩大反垄断法的约束范围，拓宽反垄断案件的诉讼渠道。

（三）加强机构整合后的协调性和权威性

对国家发展改革委、商务部和市场监管总局相关执法机构的整合，形成了高级别的单一执法机构，这一举措能够为确立竞争政策的基础地位奠定组织基础，但短期内仍然要做好执法机构的协调工作。首先，要加强合并后执法机构的协调统一，合理划分机构内部职能，减少部门之间的磨合成本，提高合并后机构的融合性和执法效率。其次，要加强反垄断机构执法的独立性，保证其不受任何干扰，独立进行案件的执行和相关决策，也要严格执行执法过程中的各个环节，保证决策执行到位。最后，进行重大经济决策时要听取反垄断机构的专业意见，防止经济政策出现排除、限制竞争的情形。当出现损坏公平竞争的情况时，竞争管理部门要对其进行竞争影响评估，从竞争视角提出专业修改建议，尽量减少其对竞争的损害，促进经济持续健康发展。

（四）持续提升公平竞争审查的效力和作用

要利用竞争审查保障竞争政策在经济政策中的优先性，进而巩固其基础地位。一是尽快将公平竞争审查制度纳入竞争政策的法律体系，形成强有力的法律制约，进一步提升公平竞争审查的约束力和威慑力。二是加强公平竞争审查制度实施细则的督导，明确公平竞争审查的内容、程序、方法，保障公平竞争审查在制定经济政策中的作用落到实处，并在实践中总结公平竞争审查实施的成功经验，根据具体情况进一步完善实施细则。三是逐步将公平竞争审查的方式由自查过渡到第三方审查，提升审查的独立性、公平性和权威性，通过审查方式的改变增强其约束效应。四是各地要加快对排除、限制竞争相关存量政策清理实施意见的出台。各地要根据公平竞争审查的指导意见和存量政策的处理经验，尽快出台清理存量政策工作方案和实施意见，加快废除或修正排除、限制竞争的相关政策条款，为公平竞争审查的实施扫清障碍。

（五）分步骤有重点地积极推进竞争影响评估

竞争影响评估能够有效剔除妨害竞争的“因子”，对竞争秩序起到事前预防和事后修补的双重功能。一方面，要在总结其他国家经验的基础上，结合我国实际情况制定竞争影响评估手册。另一方面，要规范竞争影响评估的内容和程序，分步骤从四个方面对有关规定影响市场竞争的情况进行评估。一是是否减少了消费者的选择或缩小了供应范围，如签订了限制产能协议、给予排他性许可等行为。二是是否限制了市场供应者的竞争能力，例如，控制或者实质影响商品价格、通过设置标准使部分供应者具有竞争优势等。三是是否减少了市场供应者的竞争激励，例如，鼓励供应者之间就产量、价格等信息进行交换，对部分行业的供应者给予反垄断豁免等。四是是否限制了消费者的选择，例如，提高消费者的转换成本、限制向消费者发布有关信息等。

（六）开展多维度的竞争倡导形成文化软约束

将自上而下的推力和自下而上的动力有机结合，确立竞争政策基础地位。首先，要利用多种渠道，尤其是微信等信息传播较快的方式公布典型案例，以此为契机，加强市场主体和公众的竞争意识。其次，可借鉴奥地利的经验，选取与企业利益攸关的问题举办定期培训，加强竞争法治宣传，规范企业行为，使其不得逾越“竞争红线”。最后，要通过对地方反垄断执法机构和相关政府部门人员的培训和经验交流，使各地将竞争审查作为制定地方经济发展政策中的必要考量因素，防止行政性垄断行为。此外，可以开展公平竞争宣传周活动或制作竞争教育手册，让民众了解竞争政策的实施与其切身利益息息相关，提升民众维护公平竞争的观念意识，从根本上扫除竞争政策执行的外部环境障碍和观念意识障碍。

参考资料目录

［1］KAPLOW L，SHAPIRO C. Antitrust［M］//Handbook of Law and Economics. Amsterdam Elsevier，2007：1073-1225.

［2］Commonwealth Competitive Neutrality Policy Statement［R］. Australia，1996.

［3］Competitive Neutrality：Maintaining a Level Playing Field Between Public and Private Business［R］. OECD，2012.

［4］孙晋. 中国竞争法与竞争政策发展研究报告（1980—2015）［M］.

北京：法律出版社，2016.

[5] 庞瑞芝. 美国和欧盟竞争政策的发展动态及启示 [J]. 经济纵横，2006 (07)：56-58，17.

[6] 威廉姆·科瓦契奇. 欧盟和美国的竞争政策及对中国的启示 [J]. 中国工商管理研究，2014 (11)：14-15.

[7] 叶高芬. 澳大利亚行政性垄断规制经验及其启示——基于“国家竞争政策”的解读 [J]. 中国社会科学院研究生院学报，2015 (03)：78-83.

[8] 樊瑛. 澳大利亚的国家竞争政策及启示 [J]. 亚太经济，2002 (06)：27-29.

[9] 林平. 关于中国建立反垄断法体系的几个基本问题 [J]. 管理世界，2005 (08)：38-47，171.

第六章
我国竞争政策实施中存在的主要障碍及对策

内容提要： 竞争政策的有效实施可以降低成本、规范定价行为、提高效率和促进创新。但我国竞争政策体系仍存在多元目标冲突、制度设计不完善、行政性垄断破坏市场秩序、产业政策负面影响难以消除、新业态增加执法难度和竞争文化缺失等问题，严重阻碍了竞争政策的顺利实施。因此，要从顶层设计入手，通过合理的制度设计深入推进竞争政策实施。

一、我国竞争政策实施中存在的问题

当前我国已进入供给侧结构性改革攻坚期，竞争政策对经济发展的转型升级和持续增长至关重要。但竞争政策的实际推进却面临诸多问题与障碍，突出表现在以下几方面。

（一）多元目标存在冲突削弱竞争政策实施效果

我国竞争政策存在经济目标与政治目标、短期静态效率和长期动态效率之间的权衡。如果权衡不当就会产生过于宽泛的豁免情况，增加主观因素影响，从而影响竞争政策的实施效果。

这种情形在“危机卡特尔”案件中较为典型，被罚企业会以维持经济增长等理由要求减轻处罚。如 2017 年 3 月，对山西省电力行业协会和山西省八大发电集团的案件处理中，山西省电力行业协会和电力企业竞争意识淡薄，以火电企业处于经营困难期和经济下行周期等为由，对处罚结果提出了听证申请，希望豁免处罚。这实质上是在经济增速放缓期面临规制垄断和培育市场的权衡，若从轻处罚“危机卡特尔”，则不能从根本上解决周期性和结构性产能过剩，国际经验已验证了这一点。两次世界大战期间，美国为了振兴萧条行业，将竞争政策的目标调整为监管保护竞争和鼓励技术创新。美国国会特许为联合研发活动提供反托拉斯豁免，但由此产生的“价格卡特尔”大大增加了消费者福利损失，也未能实现预期政策目标。同样，德国在经济衰退期为了避免厂商破产和缓解失业，也容许了“危机卡特尔”的存在，但这种违背比较优势原则，默许低效率企业依然占有市场份额的“权宜之计”，对高效率厂商造成了损害。

因此，如果不能较好地权衡竞争政策的多元目标，就会降低执法标准，增加消费者福利损失，放缓公平竞争市场体系建设进程，最终违背竞争政策的初衷。

（二）制度设计方式制约竞争政策规范作用的发挥

依靠行政力量推动的竞争政策缺乏自下而上维护制度的动力，进而影响了竞争政策作用的发挥。在制度设计上，竞争政策的形成过程是自上而下而非自下而上的，缺乏地方竞争管理机构和市场参与主体自发促进公平竞争的相关激励机制，主要依靠中央竞争政策主管部门的行政力量推动竞争政策实施，易导致人们对中央行政权力的过度依赖。

竞争政策的实际执行中，地方政府和市场参与主体缺乏维护公平竞争意识的问题还大量存在，比如，地方政府为了实现经济增长的政绩考核，制定相关的优惠政策招商引资，以产业扶持或奖励的名义从公共财政资金中给企业安排扶持资金等行为，都会对竞争政策的顺利执行造成挑战。因此，需要进一步完善制度设计，保障竞争政策顺利实施。

（三）行政性垄断严重破坏公平竞争的市场秩序

行政性垄断通过设置区域壁垒、歧视性定价、政府强制采购、为招投标串谋提供便利等方式给竞争政策的顺利实施制造障碍。这些手段都导致了严重的资源错配，破坏了公平竞争的市场秩序。

一方面，行政性垄断会带来歧视性的金融支持政策，导致资本要素错配。具有政府信用背书的企业可以赢得金融机构的青睐，但这些企业并非信用状况良好。以企业债违约数据为例，从 2014 年到 2018 年，地方国有企业约占所有违约企业的 1/4，位居第二。究其原因是行政性垄断形成政府隐性担保增信，干扰了市场正常的风险定价机制，从而造成金融资源的严重错配。

另一方面，行政性垄断使得不同所有制企业间要素边际产出不等，资源配置偏离了最优状态。政府会把具有较大经济价值的资源无偿或低偿地授予欲扶植的企业，收取象征性的资源使用费，最终造成不同企业之间要素价格和边际产出的巨大差异，导致资源配置严重偏离最优状态。

根据靳来群等（2015）的测算，1998—2007 年由于行政性垄断带来的所有制差异造成的制造业全要素生产率（TFP）损失每年都在 200%以上，其中劳动要素错配带来的 TFP 损失约为 100%，资本要素错配带来的 TFP 损失约为 50%。林至人（2019）估算了行政性垄断带来的市场分割造成的社会福利损失，指出 2000—2015 年由市场分割造成的年均产能损失为 GDP 的 6.4%。由此可见，行政性垄断严重破坏了公平竞争的市场秩序。

(四) 与竞争相冲突的产业政策短时期内难以消除

产业政策出于“赶超战略”的驱使，对欲扶植的产业给予财政、金融、土地等各种优惠政策，往往会与竞争政策产生冲突，不利于竞争政策的顺利实施。但在目前的发展阶段，与竞争相冲突的产业政策难以在短时间内消除。

目前，相关部门出台了包括支持和鼓励、结构调整、投资核准等不同方面的产业政策，这些产业政策都是出于“赶超战略”的目的，通过给予特殊补贴、市场划分协议、固定价格协议等形式扶植产业发展。虽然产业政策出于经济发展的考虑而对某些高附加值产业放松竞争限制，以提高产业平均利润水平，吸引更多的投资，但长期看这些投资并不一定投向了具有自生能力的产业，没有遵循资源禀赋规律。这些产业存在市场进入壁垒和压制竞争性市场力量的问题，但其带来的负面影响不可能在短时间内消除。因此，如何推动产业政策的市场化转型，最大限度地减少其对竞争造成的扭曲和限制，是协调竞争政策和产业政策的方向之一。

(五) 数字经济飞速发展增加竞争政策的执法难度

数字经济的蓬勃发展给竞争政策实施带来了较多问题与挑战，通过反垄断执法确保数字经济领域竞争机制良性运转，成为新时期我国推进竞争政策需要克服的难题。

一方面，数字经济等新业态的出现致使反竞争行为更加隐蔽。对于数字经济领域的竞争监管，无法照搬传统产业的分析思路和评估方法，数字经济企业产生的竞争行为隐蔽性强，消费者不易察觉，执法机构也不易取证，这都对反垄断执法形成新的挑战。

另一方面，数字经济企业滥用市场支配地位的行为具有特殊性。立足于实体经济制定的《反垄断法》相较数字经济新业态和新模式的发展明显滞后。比如，截至 2016 年 6 月，淘宝网月活跃规模指标占移动购物市场份额的 70.1%。根据我国《反垄断法》第十九条：一个经营者在相关市场的市场份额达到二分之一的，可以推定为经营者具有市场支配地位。所以这些互联网巨头存在滥用市场支配地位的隐患，但在执法中又面临相关市场界定认定的困境。腾讯与 360、互动百科诉百度等案件，都凸显出现行《反垄断法》已经滞后于新经济发展的尴尬。

（六）竞争文化缺失有损竞争政策推进的外部环境

虽然近年来法律制度建设和竞争执法有了长足进步，但竞争文化还没有形成，难以形成竞争政策所需的良好制度环境。我国完成了《反不正当竞争法》和《反垄断法》的立法，但对企业竞争意识的培养还处于起步阶段。有些政府部门与公众都未对竞争政策形成客观认识，前者体现在忽视竞争法律，为地方经济发展的短期利益或部门利益限制、排除竞争，后者则表现为对垄断现象认识单一化和救济渠道的单一性。竞争文化的培育有利于为竞争政策创造良好的外部环境。反之，竞争文化和理念缺失，则难以形成政府、企业、公众的三方合力，不利于全面贯彻竞争政策。

二、扫除竞争政策实施障碍的政策建议

我国竞争政策在实施过程中面临经济体制、政策环境、政策目标方面的

障碍和问题。因此，要从这几方面找准政策发力点，割裂某几个问题之间可能存在的关联性，避免制度或现实障碍叠加给竞争政策的实施制造困境的局面，为推进竞争政策的全面落实制定行之有效的政策措施。

（一）明确以建立公平竞争市场体系为主要目标

在经济增速下滑时期，更要注重公平竞争市场体系的建设，进而最大程度释放市场潜力。要着力从四方面实现建设公平竞争市场体系的目标：一是以形成国内统一大市场为导向增强市场体系的统一性，以打破区域垄断和壁垒为重点实现资本和要素的自由流动。此外，还要促进地方监管机构联合统一执法。二是以广度和深度为着力点提升市场体系的开放性。扩大市场开放范围的同时破除各种制度藩篱，防止在竞争政策执行中出现“雷声大，雨点小”的情形。此外，要从监管层面提高案件处理的透明度。三是通过制度设计强化市场体系的竞争性。加强事前法律制约和事中事后监管评估。保证最优效率的企业给社会提供所需要的产品，从根本上撬开消费拉动经济增长的阀门，避免为了短期经济增长而忽略长期经济结构优化的恶性循环。四是以加强竞争政策执法为重点加强市场体系的有序性。公平竞争的市场体系并非完全放任市场的无序竞争，而是由政府规制相应的无序行为，保护市场公平的准入机会，规范各种操作市场价格、滥用市场支配地位等垄断行为。

（二）形成制度约束和激励机制有效结合的局面

通过激励机制的设计有效推动竞争政策的可持续发展。一方面，要形成严格的制度约束，制定竞争政策执行考核指标，并将其纳入政绩考核范围。此外，要定期公布未按竞争管理当局规定执行竞争政策的典型负面案例，进行相应处罚，形成强有力的制度约束。另一方面，要设计相应的激励机制，对严格执行公平竞争审查制度的地方给予相应奖励，鼓励各级政府在公平竞争审查中实施提升效率和改善效果的创新政策举措。

（三）深度推进公平竞争审查根除行政性垄断危害

首先，要以评估为依托强化公平竞争的社会监督。要将“内部评估”和“外部评估”有机结合，同时，要对审查结果开展第三方评估，明确竞争审查的责任认定和惩罚措施等，强化公平竞争审查的实施成效。其次，要加快完成存量政策的公平竞争审查。要结合产业发展情况，设置一定的过渡期，按照立即清理、设置过渡期、政策到期自动废止等分类方式积极推进存量政策公平竞争审查。再次，将行政性垄断行为的规制上升到制度约束层面。深入贯彻落实国家发展改革委制定的《行业协会价格行为指南》，遏制行政性垄断行为隐蔽化趋势。最后，要加快制定公平竞争审查的正向行为指南。《国务院关于在市场体系建设中建立公平竞争审查制度的意见》（国发〔2016〕34号）公平竞争审查标准部分包含了4方面18个“不得”[①] 的标准，对竞争行为合

① 《国务院关于在市场体系建设中建立公平竞争审查制度的意见》为行政权力划定了18个“不得”，包括：1. 市场准入和退出标准：（1）不得设置不合理和歧视性的准入和退出条件；（2）公布特许经营权目录清单，且未经公平竞争，不得授予经营者特许经营权；（3）不得限定经营、购买、使用特定经营者提供的商品和服务；（4）不得设置没有法律法规依据的审批或者事前备案程序；（5）不得对市场准入负面清单以外的行业、领域、业务等设置审批程序。2. 商品和要素自由流动标准：（1）不得对外地和进口商品、服务实行歧视性价格和歧视性补贴政策；（2）不得限制外地和进口商品、服务进入本地市场或者阻碍本地商品运出、服务输出；（3）不得排斥或者限制外地经营者参加本地招标投标活动；（4）不得排斥、限制或者强制外地经营者在本地投资或者设立分支机构；（5）不得对外地经营者在本地的投资或者设立的分支机构实行歧视性待遇，侵害其合法权益。3. 影响生产经营成本标准：（1）不得违法给予特定经营者优惠政策；（2）安排财政支出一般不得与企业缴纳的税收或非税收入挂钩；（3）不得违法免除特定经营者需要缴纳的社会保险费用；（4）不得在法律规定之外要求经营者提供或者扣留经营者各类保证金。4. 影响生产经营行为标准：（1）不得强制经营者从事《中华人民共和国反垄断法》规定的垄断行为；（2）不得违法披露或者要求经营者披露生产经营敏感信息，为经营者从事垄断行为提供便利条件；（3）不得超越定价权限进行政府定价；（4）不得违法干预实行市场调节价的商品和服务的价格水平。

法性审查内容的规定较为完整，但关于增强公平竞争审查指导性和操作性的正向行为指南仍需进一步完善。

（四）通过政策机制设计逐步推动产业政策转型

一方面，要处理好产业政策和竞争政策的关系。产业政策在特定历史阶段发挥了推动经济增长的积极作用，不能一味否定其贡献。但在经济发展提质增效的改革深化期，产业政策将财税、土地、金融等要素资源向特定行业和企业倾斜，损害了公平竞争的市场机制。因此，要协调好产业政策和竞争政策的关系，避免竞争政策和产业政策的直接冲突。

另一方面，要着力推动政策体系的市场化转型。从无限制的补贴扶植政策转向有激励设计以增强竞争力的产业政策。可以借鉴其他国家的成功经验，比如英国当前在推动可再生能源发展时，已经逐步从无上限的绿色电力上网电价补贴转向了结合市场机制的差价合约政策，在充分利用市场激励机制推动可再生能源发展的同时，提高了其市场竞争力。我国也应改变单一政策补贴优惠的方式，将激励机制融入产业政策设计中，推动产业政策的市场化转型。

（五）充分利用信息技术改进竞争政策执法技术

信息技术的出现给竞争政策执法带来新的挑战，要从两方面入手，充分利用信息技术，使其成为竞争政策执法的有效工具。一方面，建立竞争政策执法案例数据库，形成统一且具有参考价值的数据分析资料，有利于办案查案过程中对相似案件的对比分析。另一方面，要利用信息技术建立相关的网络举报平台，便于动用社会力量对反竞争行为进行监督，形成有效的信息监督网络，制约排除和限制竞争行为的出现。

（六）积极营造具有优质竞争文化的政策环境

一方面，要进一步加强公平竞争的典型案例宣传，强化警示作用，在全社会形成促进公平竞争的文化环境。另一方面，要使政府决策主体自我强化对竞争重要性的认识，消除经济政策中的反竞争行为。同时，加强公众的公平竞争意识，培育竞争文化，倡导法制观念。可以借鉴新加坡模式，制作竞争政策手册，进行广泛宣传，通过民众身边发生的事情让其了解竞争的益处和排除、限制竞争的损害，提升全社会对公平竞争的认知，为竞争政策的执行扫除各种障碍。

参考资料目录

[1] 陈秀山. 我国竞争制度与竞争政策目标模式的选择 [J]. 中国社会科学，1995 (03)：25-35.

[2] 靳来群，林金忠，丁诗诗. 行政垄断对所有制差异所致资源错配的影响 [J]. 中国工业经济，2015 (04)：31-43.

[3] 李青，朱忠良. 赴韩国参加竞争政策与反垄断交流的考察报告 [J]. 中国价格监管与反垄断，2017 (03)：14-15.

[4] 林至人. 减少竞争中的政策壁垒：国际经验与教训 [M]. 北京：中信出版社，2019.

[5] 孙晋. 中国竞争法与竞争政策发展研究报告（1980—2015） [M]. 北京：法律出版社，2016.

[6] 威廉姆·科瓦契奇. 欧盟和美国的竞争政策及对中国的启示 [J]. 中国工商管理研究，2014 (11)：14-15.

[7] 吴思明. 供给侧改革背景下我国竞争政策目标的选择 [J]. 企业改革与管理，2016 (22)：2.

[8] 叶高芬. 澳大利亚行政性垄断规制经验及其启示——基于“国家竞争政策”的解读 [J]. 中国社会科学院研究生院学报，2015 (03)：78-83.

[9] 于立，王明. 反垄断经济学的本源与难题——基于中国的实践 [J]. 中国物价，2014 (02)：9-14.

第七章
竞争政策基础地位相关问题的观点综述

内容提要：竞争政策是政府政策体系的重要组成部分，我国竞争政策主要包括与竞争相关的一系列法律法规，以及围绕这些法律法规建立起的一整套政策体系。从国外对经济政策体系的表述看，并没有国家明确提出竞争政策的基础地位。尽管我国一些政府文件提出要确立竞争政策的基础地位，但对于基础地位的含义仅限于学术研究范畴，官方并没有十分准确的定义，需要从政策和制度上进一步明确其内涵。协调竞争政策和产业政策的关系是确立竞争政策基础地位的前提条件，二者的最终目标具有一致性，功能机制具有相似性，实施手段具有互补性。但是二者理论依据和出发点不同，作用对象有着显著的区别，作用机制方面也存在着冲突。推进我国竞争政策与产业政策协调要注意确立竞争政策的基础地位，明确机构主体权利和义务，准确认定符合适用除外行为。在我国，竞争政策实施存在诸多问题与障碍，包括多元化目标设置削弱了竞争政策实施的效果，制度设计方式制约了竞争政策规范作用的发挥，行政垄断严重破坏了竞争政策维护的市场秩序，产业政策无限扩大了竞争政策设置的例外情形，新业态无形中增加了竞争政策执法的技术难度，竞争文化缺失也有损竞争政策推进的外部环境。因此，应严格反垄断执法，加快实施公平竞争审查制度，积极推进竞争倡导，以尽快确立竞争政策基础地位，加快"使市场在资源配置中起决定性作用和更好发挥政府作用"，为我国建立社会主义市场经济体制奠定制度基石。

党的十八届三中全会明确指出，要"使市场在资源配置中起决定性作用和更好发挥政府作用"。《中共中央 国务院关于推进价格机制改革的若干意见》明确提出，要确立竞争政策的基础地位。党的十九届四中全会进一步提出要"强化竞争政策基础地位"。[①] 竞争政策是指各国竞争法所体现出的为维护公平竞争秩序、排除市场竞争障碍而制定的一套规则体系，在广义上同时还包括放松经济管制、促进竞争自由和市场开放的各项政策。当前，我国必须加快确立竞争政策基础地位，明确竞争政策实施路径，以竞争激发新动能、以竞争加快转方式、以竞争推动调结构。为此，应该界定竞争政策基础地位的理论内涵，厘清竞争政策与产业政策的关系，阐释竞争政策实施的主要经济与福利效应，分析我国竞争政策实施的问题与障碍，给出确立竞争政策基础地位的举措。在这些方面进行研究和观点综述，有利于定义我国竞争政策基础地位的内涵与外延，设计我国竞争政策实施的思路和路径。

一、竞争政策基础地位的理论界定

（一）竞争政策及其在政策体系中的地位

竞争政策是政府政策体系的重要组成部分。一般而言，竞争政策是指由

① 在党的十九届四中全会之前的重要文件中，一般采用"基础性地位"这一表述。出于尊重原始文献表述的考虑，本章在综述相关文献时仍采用"基础性地位"这一提法，但在论述相关问题时，为了与中央最新文件精神保持一致，采用了"基础地位"这一表述。

政府制定，旨在保护、倡导和规范市场竞争，顺从并促进市场决定性作用发挥的一系列政策的总称（于立和刘玉斌，2017）。竞争政策秉承了尽可能维护和提高市场对资源配置效率的基本理念，以提高市场运行效率和保护消费者利益为核心价值，其目标在于避免因市场竞争受到限制而导致经济福利受到损害（张伟和于良春，2010）。

竞争政策的核心是反垄断法，在有的国家还包括反不正当竞争法等一系列以维护市场公平竞争为目标的法律法规和政策。从各国的经济政策实践看，主要市场经济国家都通过了以促进公平竞争为主要目标的反垄断法，并赋予其非常重要的地位（刘志成，2015）。在美国，反垄断法被称为“自由企业的大宪章”；在德国，反垄断法甚至被视为“经济宪法”；在日本，反垄断法被认为是“经济法的核心”。

在我国，竞争政策主要包括《反垄断法》《反不正当竞争法》《价格法》和《招标投标法》等一系列法律法规，以及围绕这些法律法规建立起的一整套政策体系。具体而言，包括与《反垄断法》等法律配套的一系列指南、实施细则以及政府部门制定的相关政策文件。竞争政策主要通过反垄断的行政执法、公平竞争审查、竞争倡导等来落实。竞争政策的实施部门包括国家发展改革委、商务部、国家市场监督管理总局等行政执法部门，也包括人民法院，还包括在政策制定过程中开展公平竞争审查的经济政策制定部门。

（二）竞争政策基础地位的提出

在市场经济中，供求机制、价格机制和竞争机制共同维护市场的有效运转，实现资源的有效配置。竞争是发挥市场在资源配置中决定性作用的关键。福利经济学第一定理指出，在经济主体偏好被良好定义的条件下，带有再分配的价格均衡都是帕累托最优的。而作为其中的特例，任意的市场竞争均衡都是帕累托最优的。福利经济学第二定理认为，在一定的条件下，每一种具有帕累托效率的资源配置均能达到竞争均衡。从这两个定理可以看出竞争对于资源配置的重要性。因此，在市场经济国家，竞争政策在政府的政策体系中都居于非常重要的地位。

但从国外对经济政策体系的表述看，并没有一个国家明确提出竞争政策的基础地位。从国内文献看，提出竞争政策基础地位的主要是竞争政策领域的官员，包括国务院法制办原主任张穹、时任国家发展改革委价监局局长许昆林等。许昆林（2013）首次提出要逐步确立竞争政策在经济政策中的基础性地位，他提出这一观点是基于三点认识：一是从促进经济发展的角度看，政府过度直接干预市场运行不利于经济持续健康发展。二是从依法行政的角度看，行政机关不能制定排除、限制竞争的政策。三是将竞争政策作为基础经济政策是通行做法。张穹（2014）也从我国反垄断工作的具体实践出发提出要发挥竞争政策基础性作用。

基于上述认识，《中共中央 国务院关于推进价格机制改革的若干意见》（中发〔2015〕28 号）明确提出要“逐步确立竞争政策的基础性地位”。此后，在《国务院关于在市场体系建设中建立公平竞争审查制度的意见》（国发〔2016〕34 号）、《“十三五”市场监管规划》等文件中都进一步明确了竞争政策的基础性地位，并在具体政策措施上体现了这一精神。尽管一些政府文件纷纷提出要确立竞争政策的基础性地位，但对于基础性地位的含义，官方并没有明确的解读。

(三) 对竞争政策基础地位的理解

在政府文件提出竞争政策基础性地位之后，一些学者也尝试从不同角度阐释竞争政策基础性地位的含义。于立和刘玉斌（2017）认为应该从市场的决定性作用、反垄断法的地位和公平竞争审查等几个方面认识竞争政策的基础性地位。第一，从竞争与市场的关系看，竞争政策是维护和促进市场竞争的主要政策，市场的决定性作用决定了竞争政策的基础性地位。竞争政策能够为市场起决定性作用搭建一个有效的平台，同时防止和纠正其他政策导致的资源错配或激励失当问题，这就表现为基础作用。第二，竞争政策基础性地位是由反垄断法的地位决定的。狭义上，竞争政策就是反垄断法，在国内外一些文献中竞争政策（competition policy）、反垄断法（anti-monopoly law）、反托拉斯（antitrust）的含义基本相同。由于反垄断法是维护市场秩序最基础的法律，在一些国家具有经济宪法的地位，其他经济政策都不能与反垄断法和竞争政策相抵触，否则不能出台；即使出台了与竞争政策有冲突的政策，也需要以竞争政策为准。这也是竞争政策基础性地位的一种体现。第三，从国内实施的公平竞争审查制度看，竞争政策是其依据。《国务院关于在市场体系建设中建立公平竞争审查制度的意见》（国发〔2016〕34 号）中公平竞争审查制度的审查标准包括“市场准入和退出标准”“商品和要素自由流动标准”“影响生产经营成本标准”“影响生产经营行为标准”共 4 方面 18 项内容，这些标准与《反垄断法》相呼应，也体现了竞争政策的基本精神。此外，竞争政策的基础性地位还表现在它与其他政策的关系之中。其中，竞争政策与产业政策表现出此消彼长的替代关系，与规制政策表现出同生共长的互补关系。李晓琳（2017）也从多个方面分析了竞争政策基础性地位的含义。首先是将保护和鼓励市场竞争作为经济政策制定和使用的基本原则。其次，从地位看，竞争政策高于其他经济政策。从优先顺序看，竞争政策优于其他经济政策，其他经济政策应置于竞争政策框架内。

对于如何确立竞争政策的基础性地位，于立和刘玉斌（2017）认为关键是要处理好竞争政策与产业政策的关系，逐步用竞争政策替代产业政策；要处理好竞争政策与规制政策的关系，二者之间明确分工，实现政策效果互补。

李晓琳（2017）认为要形成全社会推崇竞争的文化，强化竞争理念；要以竞争法为经济运行的根本保障，加强竞争立法；同时要在实践上使竞争成为政府、企业、个人以及其他各类主体参与经济活动的行动准则。

二、竞争政策实施的主要经济与福利效应

（一）经济与福利分析的标准

实施竞争政策和反垄断的终极目标是提升福利水平。限制和排除竞争的行为除了会给消费者或企业的竞争对手带来一定的损害外，有时也会带来成本的节省或效率的提升，并且这种成本节省或效率提升有时也会给消费者带来好处。因此，在反垄断的经济分析中，为了把可能的效率收益和可能导致的损失区分开来，需要一个基准，也就是一个测度概念上的标准。目前广泛使用的两个标准是消费者剩余标准和总福利标准。

1. 衡量经济影响的福利标准

消费者剩余标准主要考虑的是经营者市场行为对消费者剩余的影响，在反垄断执法中也会明显偏向于消费者而不是生产者。以经营者集中为例，执行消费者剩余标准就是在评估经营者集中是否具有反竞争的影响时，强调经营者集中之后，消费者对于同一产品支付的价格不能上升，消费者可以选择的商品集不能缩小。支持消费者剩余标准的经济学家认为反垄断法的目标应该是狭义的消费者福利最大化，认为反垄断法应该直接保护相关市场中的消费者福利，保证消费者在相关市场中不支付高于竞争水平的价格。影响消费者福利的重要因素包括：产品价格、产品质量和新产品的开发等。其中，价格是人们直接关注又相对而言容易测度的因素。在消费者剩余标准下，一项

会导致价格显著上升的经营者集中很难通过，除非经营者集中能够产生显著的效率收益，并且能把效率提升转移给消费者，进而减少均衡价格。

与消费者剩余标准不同，总福利标准考虑的是消费者和生产者的总收益和总损失之和，也就是考虑经营者市场行为对经济的总体影响。社会总福利包括生产者剩余和消费者剩余，其中生产者剩余就是企业生产经营获得的利润。在经营者集中的经济分析中，即使经营者集中导致价格上升并因此出现消费者福利损失，总福利标准也有可能认为经营者集中对社会整体而言是有利的。因为通过一个更大的生产者剩余的增加，有可能实现总福利的净收益，也就是说效率带来的成本节省抵销了预期的反竞争效应带来的福利净损失。在总福利标准下，对于任何一个市场参与者没有偏好。按照这一逻辑，效率并不需要转移到消费者，也就是说价格下降对于横向经营者集中通过相关审查并不是一个必要条件。

2. 不同福利标准的比较

一部分学者认为对消费者的保护更能反映反垄断法的本意，因此，倾向于采取消费者剩余标准。Besanko 和 Spulber（1993）从控辩双方掌握信息不同的角度分析了消费者剩余标准的优点，他们认为兼并企业与反垄断机构相比拥有信息优势，特别是与并购相关的效率改进的信息，采纳消费者剩余标准有助于减轻并购审查中信息不对称造成的不利影响。Neven 和 Roller（2005）则从政治经济学和执法者动机的角度进行了分析，反垄断机构的官员也许会面对可能付给他们个人酬劳的厂商的游说，而消费者剩余标准可以抵消游说导致的偏差。还有一种赞成消费者剩余标准的观点认为，该标准可以简化反垄断机构对并购案作出裁决的程序，从而减少执法的社会成本。Pittman（2007）认为总福利标准忽视社会财富的转移是不应该的，消费者剩余可以作为反垄断执行的合适标准。

而另外一些经济学家则认为，拿消费者剩余作为反垄断标准是不合理的，应该在反垄断执法中执行总剩余标准。Motta（2004）将支持总剩余标准的原因总结为三点：其一，消费者剩余并没有考虑企业利润。然而，企业的股份往往为公众所持有，消费者则恰恰由社会公众构成。如果利润减少，那么社会公众分享的红利也会减少，因此，单纯考虑消费者剩余是不合理的。其二，如果完全以消费者剩余最大化为目标，那么将导致用边际成本来制定价格，固定成本的存在使得企业退出市场，要么通过补贴回收固定成本，从而市场会被全面管制所取代。其三，价格下降和利润减少会导致企业失去必要的创新、投资和推出新产品的动机。因此，社会福利应该是比较合适的反垄断目标，至少应该把动态的消费者剩余最大化作为目标。Carlton（2007）从另外一个角度支持了总剩余标准，他认为，一项追求最大化产出并考虑分配问题的公共政策总比追求无效率结果的政策好。一是消费者剩余标准可能只考虑了短期价格下降而忽视了长期效率收益。二是很多企业既在市场上购买原材料又出售其产品，也就是说企业可能既是买者又是卖者，其股东也是消费者，其利润最终会归于家庭。总剩余目标会把经济中所有的参与者当作一个整体，而不是将他们分解成若干个偏好不同的特殊集团。三是如果仅仅考虑消费者剩余，那么“买方卡特尔”的存在便是合法的，它们的存在会受到鼓励。

（二）竞争政策实施对经济和福利的影响

竞争政策对经济和福利的影响可以从正反两个方面进行分析。一方面，垄断行为可能会对经济发展和社会福利造成多方面的损害，如果竞争政策能够有效地减少垄断行为，那么就可以减少相关损害，给经济发展和社会福利带来积极影响。另一方面，从世界各国实施竞争政策后的经济增长看，竞争政策通过改善竞争状况可以促进经济增长。

1. 垄断行为造成的损害

一是导致资源错配。要素和商品自由流通是统一市场建设的基本要求，是市场有效配置资源的必要前提。在一个动态发展的经济体中，在经济发展的不同阶段，在经济周期的不同时期，各个行业的市场规模、发展前景、经济效益各不相同，不同行业的要素贡献与要素回报也有差别。因此，在市场体制较为完善的经济体中，随着经济发展阶段的变化和宏观经济周期的演进，要素会不断地从回报较低的行业向回报较高的行业流动，使各种生产要素和资源实现动态有效率的配置。比如，在经济起飞阶段，劳动密集型产业更有竞争力，劳动力数量增长对经济贡献较大；随着经济发展水平的提升，在工业化进程中，资本密集型行业和重化工业在一国经济中的地位不断提升，资本将加速积累，劳动力也不断向相关行业转移。Hsieh 和 Klenow（2009）的研究表明，如果按照边际收益均等化对我国的劳动和资本进行再配置，我国 TFP 可以提升 25％～40％。国内相关研究也发现，要素价格扭曲导致的行业之间资源错配，使我国制造业实际产出降低了 15％～20％。

二是扭曲市场价格。限制竞争行为往往通过自身市场支配地位的滥用实行垄断高价或者垄断低价，扭曲市场的价格机制。垄断者往往可以利用其市场支配地位，在将其产品出售给下游企业时制定不公平的垄断高价，在采购上游供货商提供的产品时制定不公平的垄断低价。具有市场支配地位的商品或服务提供商还可能实施歧视性定价，在向不同的接受者提供相同等级、相同质量的商品或服务时，在接受者之间实行不同的销售价格或收费标准。在垄断者实施价格歧视时，下游企业往往承担了更高的成本。扭曲的价格机制会造成恶性竞争，扰乱正常的市场竞争秩序，使得遵守竞争秩序和法规的市场参与者在与市场竞争秩序破坏者的竞争中处于劣势，进而导致利益的不公平分配。刘志成（2014）、李冀申（2011）等计算了高利差对公众福利的侵占，结果表明银行利差极大地损害了公众福利。

三是带来福利损失。通过经济政策限制和排除竞争的做法，往往会给社会福利带来严重的损害，尤其是无谓损失的增加。其一，垄断的福利净损失。在完全竞争的情况下，产品价格等于企业的边际成本，企业利润为0，社会福利完全表现为消费者剩余。在垄断情况下，垄断企业为追求利润最大化制定垄断高价，消费者剩余受损，损失的消费者剩余一部分转化为垄断者的利润，而另一部分则消失了。垄断的福利净损失就是指忽略垄断定价的分配效应（即消费者剩余向生产者转移的部分），单纯考虑与完全竞争相比垄断所造成的总体社会福利损失。其二，寻租成本（或称为租金耗散）。寻租成本是指垄断企业为了获得并维持其垄断地位从而得到垄断利润所从事的一种非生产性寻利活动付出的成本，包括企业进行院外游说、广告宣传、贿赂等成本。由于这一部分既没有进入消费者剩余，也没有进入企业利润，而是以一定的形式自我耗散，因此，也会造成整体社会福利的损失。其三，内部效率损失。内部效率损失是指垄断企业因缺少外部竞争压力而导致管理、生产、销售等方面的低效率所造成的损失。由于垄断企业往往缺乏外部的竞争压力，员工努力的动机不足，导致企业内部效率低下，也会造成一定程度的福利损失。此外，还有静态模型中无法描述的动态效率损失，即企业在引入新产品、新工艺、改进现有产品或工艺等方面努力不足所造成的损失。丁启军和伊淑彪（2008）、张伟和于良春（2010）等对垄断造成的各种福利损失进行了计算。

2. 竞争政策实施对经济增长的促进作用

由于竞争政策能够营造公平竞争的市场环境，促进资源的有效配置，还能在一定程度上促进创新，因此，竞争政策能够通过改善资源配置和提升全要素生产率来促进增长。国际上，制定反垄断法、实施竞争政策是席卷全球的一股潮流。截至2010年，全球已经有超过110个国家通过并实施了反垄断法，其中1990年后新颁布反垄断法的国家超过80个。世界各国反垄断立法持续推进也为相关实证研究提供了基础。相关研究表明，无论是新兴国家还是发达国家，竞争政策实施与全要素生产率和经济增长速度都有显著的正相关关系。Buccirossi等（2013）通过对1995年到2005年间12个OECD国家的22个行业全要素生产率变化与竞争政策实施的研究发现，竞争政策实施对全要素生产率有显著的正向影响。Pardolesi和Sama（2016）的研究发现，无论是在发展中国家还是发达国家，竞争政策的制定、完善和实施对于生产率的提升都具有积极作用。

三、竞争政策与产业政策的关系与协调

（一）竞争政策与产业政策的关系

产业政策与竞争政策设计的理论基础都在于弥补市场失灵，降低市场失灵对经济体所造成的损害，从而提升经济发展效率。产业政策与竞争政策在某些情形下体现出了政策互补性，二者具有某些一致性的特征（于良春和张伟，2013）。

二者的最终目标具有一致性。产业政策与竞争政策的最终目标都是为了促进国家整体经济持续、健康、稳定的发展。竞争政策通过对市场竞争机制的维护，力图实现社会整体利益最大化。而产业政策通过政府对某些行业的扶持、限制或引导来推动产业结构升级，提高产业的竞争力，从而促进社会整体福利的提高（江飞涛和李晓萍，2010；Owen，2012）。

二者的功能机制具有相似性。从功能上看，产业政策和竞争政策都能够在某些方面弥补市场机制的缺陷。产业政策的作用是在尊重市场机制的基础上，对市场机制的资源配置作用进行补充，尤其是对市场机制失灵的领域加

以促进。而竞争政策的目的就是为了维护市场的竞争机制，当垄断和限制竞争行为使市场机制的资源配置作用出现障碍，使产业的创新活力被窒息，使消费者失去讨价还价的能力时，竞争政策的介入会消除市场障碍，使市场机制继续发挥作用（赵伟，1999；Stern，2014；洪银兴，2014）。

二者的实施手段具有互补性。从实施手段上看，两种政策也是可以相互促进的。国家通过鼓励、允许、限制、禁止等直接管制或财政、金融、税收等间接诱导及信息指导等手段，在保障产业政策实施的同时，也可以实现竞争政策的目标，例如，可以通过政府采购行为限制具有市场支配地位的企业进一步增强市场力量，这不仅实现了国家的产业政策，而且并不违背公平竞争的原则，反而重新激活了市场竞争的活力，尤其在技术研发、国际贸易、教育、中小企业等领域，产业政策的实施促进了竞争政策目标的实现。同样，竞争政策也可以帮助产业政策实现其所要达到的目标。当竞争政策试图保证某个产业的竞争机制存活时，这个产业的市场机制才能焕发出生机和活力，产业政策中的各种政策和战略才能真正发挥效用（Chick，1998；石俊华，2009）。

（二）竞争政策与产业政策的冲突

竞争政策是从维护竞争性的市场结构出发，禁止企业从事联合限制竞争的行为，控制企业的合并行为，不允许具有市场支配地位或优势地位的企业滥用市场优势，但竞争政策对竞争机制的维护可能会影响某些产业竞争力的强化。而国家对具体产业实施的产业政策的目的主要是加强产业的竞争力，但产业政策在增强产业竞争力的同时，却没有办法避免市场现存结构的改变对市场竞争的影响甚至限制（陈秀山，1997；诺伊曼，2003；石俊华，2009）。

产业政策与竞争政策的理论依据和出发点不同。从二战后兴起的产业政策的理论依据来看，最主要的因素在于后发国家实施赶超经济战略的需要。赶超战略最早出现在日本，当时的日本需要依托产业政策的力量，使本国的比较优势得以改变，以便使日本的产业结构趋近于发达国家的产业结构。基于此，日本学者提出了动态比较费用论的观点，动态比较费用论对日本的产业政策起到了重要的指导作用，而且由于日本经济成功地实现了高速增长，它的示范效应带动其他国家积极地采用类似的产业政策来实现产业结构的高度化。而竞争政策的理论依据则在于对市场失灵的弥补，市场竞争过程中必然会产生垄断和不正当竞争，而垄断和不正当竞争仅靠市场机制的自发调节是难以消除的，必须由政府出面予以控制和克服。从这一点来说，竞争政策是通过政府对市场运行的干预来实现保护市场竞争机制的目的的（Hoekman 和 Holmes，1999；松下满雄，2005；刘劲松和舒玲敏，2006；周锐，2008）。

产业政策与竞争政策的作用对象有着显著的区别。产业政策的实施，主要就是将有效的资源配置到政府所偏好的产业，使这些产业超速发展或增强竞争能力。例如 2013 年 7 月出台的《国务院关于促进光伏产业健康发展的若干意见》（国发〔2013〕24 号）就为光伏产业提供了市场、补贴、税收、金融以及土地等方面的六大扶持措施，以突破当时国内光伏产业所面临的困境。产业政策的执行为被选择产业及厂商提供了获取超额利润的空间，降低了被选择厂商的成本和市场风险，这种安排本质上会扭曲产品间的相对价格。与产业政策不同，竞争政策的作用对象为整个经济体中所有可竞争产业及厂商。可以说竞争政策是一种对所有产业而言普遍适用的公共政策，也正因此，竞争政策被称为“市场经济的宪法”（Abromeit，1990；孙晋，2011）。

产业政策与竞争政策在作用机制方面也存在着冲突。产业政策与竞争政策体现了两种不同的资源配置模式。在产业政策实施中，政府往往根据其认知水平人为地选择主导产业和重点企业，并采取各种手段予以保护和支持。

为增强本国的国际竞争力，产业政策鼓励企业间的合并重组，强调规模经济，甚至由政府直接出面组建产业的国家队。而竞争政策则是通过价格机制来实现对资源的优化配置，竞争政策通过对竞争机制的保护来实现资源配置的公平竞争，使在产业竞争中效率更高的厂商胜出，并淘汰掉资源配置效率较低的厂商。竞争政策通过禁止滥用市场势力，反对存在反竞争效应的竞争行为或经营者集中行为。从市场进入、退出、交易等各个环节，为所有的市场参与者创造一个自由、平等、公平的环境，实现市场的资源配置功能（孟雁北，2005；李平、江飞涛和王宏伟，2010；Crafts，2012）。

（三）关于我国竞争政策与产业政策协调

产业政策与竞争政策在政府的公共政策中都扮演着重要的角色，但两种政策之间在政策的优先地位、政策作用的产业选择、政策的作用时间等方面要有较为清晰的界定，在一定的条件下需要实现两种政策间的协调。

竞争政策与产业政策协调要注意确立竞争政策为基础。竞争政策与产业政策都以市场机制的沃土为生存条件，同时都为弥补市场机制不足而发挥功效，因此在对两者进行协调时必须坚持以市场机制为基础和原则（Evenett，2005；史际春，2010）。就我国而言，要想进入世界市场，只有利用市场机制，使公平竞争成为市场主旋律，才能创造有利于企业发展的竞争环境，提高企业的国际竞争力。在竞争政策与产业政策实施过程中，应坚持以竞争政策为基础，发挥新产业政策的补充作用，这是放大竞争、缩小干预的过程，也是在有效竞争的形式下实现规模经济、提升产业国际竞争力的过程（陈尧、梁家祥和朱洪波，2002；陈秀山，1997；孟雁北，2005）。在经济发展的初期阶段可运用税收优惠、直接投入、财政政策等多种产业政策，大力促进重点、优质和优先产业的发展，为实现经济赶超战略发挥重要作用；在经济发展进入起飞阶段时，应适时改变产业政策与竞争政策的组合模式，逐渐弱化产业政策的功能，强化竞争政策的作用，为完善市场机制提供基础政策环境（周锐，2008）。

竞争政策与产业政策协调要明确机构主体权利和义务。协调主体是在协调产业政策与竞争政策过程中享有权利和承担义务的机构和组织。首先，关于产业政策执行机构与反垄断法执法机构的相互协调，要分别规定其职权和职责。因执行范围发生重叠时，属于市场经济领域涉及市场竞争的相关事宜，都应当交由竞争执法机构处理，产业政策的执行不应影响拥有干预市场竞争、划定竞争格局或影响较重政策实施的特权。当执行范围属于产业指导时，竞争政策执行机构不应干预产业政策的执行，但有权监督产业的竞争状况（Noland 和 Pack，2003；诺伊曼，2003）。其次，需要建立与产业政策执行机构和反垄断法执法机构无直接利害关系，并具有较高权威性和中立性的专门第三方机构。我国《反垄断法》第九条规定了在国务院设置反垄断委员会，并赋予其负责组织、协调、指导反垄断工作的职责（孟雁北，2005；刘桂清，2010）。为此，一些研究建议，国务院反垄断委员会的职能作用应进一步加强，同时要建立一套合适的行政协调机制，并对相关程序进行规范，即由反垄断执法机构或产业内某垄断行业进行调查，但是调查过程中必须征求另一方意见，在作出行政决定时也必须取得对方的同意，该行政行为才能发生法律效力（叶卫平，2007；刘桂清，2010）。

竞争政策与产业政策协调要准确认定符合适用除外行为。我国《反垄断法》第五条规定，经营者可以通过公平竞争、自愿联合、依法实施集中来扩大经营规模，提高市场竞争能力；第七条规定，国有经济占控制地位的、关系国民经济命脉和国家安全的行业以及依法实行专营专卖的行业，国家对其经营者的合法经营予以保护，并对经营者的经营行为及其商品和服务的价格依法实施监管和调控，以维护消费者利益，促进技术进步。《反垄断法》第二十八条、第二十九条和第五十五条、第五十六条也都规定了相关适用除外的规定。这些规定体现了我国的产业政策，适应了国家保护特定弱势产业的需要（王先林和丁国锋，2010；史际春，2010；陆剑，2015）。此外，对反垄断法适用除外范围的确定特别应当注意加强对行政垄断的规制，决定由法定机关在法定权限内依法作出，而非由政府官员自行确定；应突出行政垄断对产业政策的综合治理与协调，避免被滥用的产业政策凌驾于反垄断法之上，同时建立除外制度的法定性（强调法定主体、法定程序、法定对象等），设立明确具体的产业政策民事责任、行政责任和刑事责任的法律体系（张占江，2010；李剑，2011）。

四、我国竞争政策实施的问题与障碍

（一）多元目标权衡不当妨碍竞争政策有效实施

早期的经济学理论关注市场竞争，认为完全竞争是最优的市场状态。因此，竞争政策的单一目标就是保护市场竞争，任何破坏竞争的行为都应该受到竞争政策的严厉打击。随着经济社会的发展，竞争政策不但衍生出提升社会福利和经济效率等多元化的目标，也表现出从单一关注经济目标向综合关注政治和社会目标转变的倾向。但现实中多重目标之间必然会发生冲突，如生产效率与配置效率之间、静态效率与动态效率目标之间、社会目标与效率福利目标之间都会发生冲突。因此，竞争管理当局在施加竞争政策时必须充分权衡各种目标的利弊效果，如果权衡不当就会产生削弱竞争政策主目标的后果（郑芸，2009）。尤其是像我国一样的发展中国家，其竞争政策目标往往是多元化的（张伟和于良春，2010）。并且其竞争管理当局还要不断地在多个目标中进行权衡，例如，是注重提升消费者福利还是注重促进企业贸易与市场进入的自由，是关注短期静态效率实现还是长期动态效率调整（Asian Development Bank，2005）。如果权衡不当就会产生过于灵活广泛的竞争例外范围，致使反垄断执法机构在并购审查中放松管制，增加主观因素影响。此外，多元化目标的审查标准不明确不仅会增加竞争机构的审查难度，降低法规和政策应有的可预知性，而且会为特殊利益集团的寻租行为创造条件，最终损害经济和社会发展（孟哲，2011）。

（二）跨国反垄断执法合作及协调难度加大

经济全球化和区域合作推进了各国竞争政策趋同化，加强了国际间竞争执法合作。各国竞争政策在破除不必要的市场壁垒和体制障碍、维护国际贸易方面发挥了重要作用（李晓琳，2017）。但由于竞争政策的内在差异性，各国在执法过程中带有明显的利益倾向。反垄断法域外适用带来的管辖权冲突和法律冲突频现，在打击国际卡特尔和跨国公司限制竞争行为方面的局限性逐渐凸显，跨国反垄断执法难度加大（胡伟，2019）。随着全球性贸易争端案例数量的不断增加，竞争法协调和竞争政策多边协调成为各国竞争政策合作的着力点，希望借此推动竞争政策国际标准的建立与完善（孙晋，2018）。

（三）竞争中立制度范围扩大带来严峻挑战

近年来，竞争中立的实践范围呈现持续扩大趋势，经常作为双边、多边规则影响区域贸易谈判，进而影响贸易或投资对象国的市场竞争规则和制度环境，并从国内法迅速走向国际法领域，成为国际合作新规则。比如，TPP（跨太平洋伙伴关系协定）国企条款的核心思想就是借“竞争中立”之名，行对国有企业“竞争限制”之实。目前，仅有少数国家将竞争中立纳入竞争政策体系，并建立了较为全面的竞争中立框架。在多数国家中，主要还是通过竞争法规及相关政策来解决因所有制引发的竞争中立问题。值得警觉的是，竞争中立已经从单纯的国内改革措施，演变为西方发达经济体诘难发展中经济体参与国际竞争的基本理论立足点（胡伟，2018）。这给我国竞争政策体系的完善和优化带来了较大挑战。

（四）数字经济领域垄断成为竞争执法的新难点

平台经济、双边市场、免费模式、跨界竞争等，这些互联网时代经济运行的典型特征，给反垄断法与竞争政策的实施带来了新的问题与挑战（金善明，2016）。如何通过反垄断执法和实施竞争政策，确保数字经济领域竞争机制的良性运转，成为各国反垄断执法部门面临的普遍难题。由于缺乏一套行之有效的竞争规则，尽管互联网垄断诉讼案例接连不断，行业内还是催生出一批体量巨大的龙头企业，形成了典型的竞争性垄断市场结构，即寡头竞争或“一大多小”的主导企业竞争模式（张穹，2014）。诸多学者强调要强化数字经济垄断的规制与治理，各国政府也推出了一系列相关政策措施，但由于数字经济独特的双边市场模式，使之在相关产品市场界定、地域市场界定及市场支配地位认定等方面，存在诸多理论难点与实践盲点，导致垄断与竞争的边界难以划定，从而很难在实践中进行有效的规制。

（五）行政垄断行为难以在短期内根除

我国目前的竞争政策设计中行政垄断是最棘手的问题之一，行政垄断会通过歧视性的非关税壁垒和定价、禁止销售某些非本地企业的产品和服务、偏袒本地企业的政府采购和强制交易、干预法律执行和司法判决、强制性的企业并购和卡特尔串谋等方式对竞争政策的顺利实施造成障碍（刘小玄、吴靖烨，2015）。行政垄断严重破坏了公平竞争的市场秩序：一是行政垄断容易滋生腐败行为。因为在行政垄断下，竞争机制受到压制，资源配置效率被扭曲，尤其是我国仍处于一个介于市场经济体制和计划经济体制的发展阶段，行政垄断可能会更容易产生设租及寻租的空间，进而引发腐败行为（Ahed 和 Davoodi，2000）。二是挫伤市场主体进行创新的积极性。行政垄断的来源不是市场集中、资源的独占或者以法律形式所定义的专营专卖。而是政府授权、认证、特许、关税和其他法定限制措施创造的垄断，这些拥有垄断能力的特殊经济组织便不再参与公开竞争（张伟、于良春，2010）。因此，其创新动机和能力不断减退，而无法公平参与竞争的市场主体的创新能力也不断被消磨，整体市场创新日渐萎缩。三是阻碍供给侧结构性改革的进程。行政垄断行为可能存在于政府管理的各个领域，严重损害市场竞争机制。通过行政特权形成的垄断企业没有动机开展创新、降低成本，而被损害的企业在低利润水平下难以承担研发所需的高额支出并获得公平的市场准入机会，积极性也大受打击，经济增长无法实现新旧动能转换，供给侧结构性改革的进程也可能因此受到严重阻碍（黄勇，2016）。四是举证难致使行政垄断隐形危害加大。由于滥用行政权力排除、限制竞争的行为往往呈现出隐蔽性较强的特点，并且行政垄断的纠正常常被置于体制改革的框架内予以考虑，因此行政垄断最难查处。长期以来，我国经济管理权力过于集中，政府与市场相互渗透，造成严重的政企不分，对竞争的隐形危害不断加大，严重破坏了市场秩序。

五、确立竞争政策基础地位的举措

（一）严格反垄断执法是竞争政策基础地位的核心保障

在我国当前经济发展阶段，实现竞争政策基础性地位的首要任务是切实加强和改进反垄断执法，及时发现和制止垄断行为。执法本身就是最好的普法，通过查处典型案件并予以公开曝光，特别是充分发挥大案要案的示范效应，能够有效警示其他经营者，有助于向全社会普及竞争文化，树立竞争意识（宾雪花，2013；许昆林，2013）。为此，需要积极创新竞争执法机制，进一步加大反垄断执法力度，特别是加大关键领域的执法力度，规制政府滥用行政权力排除和限制竞争的行为（石俊华，2009）。同时，为了提振人们对我国反垄断法的信心，解决市场竞争中的突出问题，在我国进一步实施反垄断法的过程中迫切需要寻找一些合适的领域作为突破口，从目前存在问题的症结、民众关注的焦点和产生的示范效应等方面来看，垄断行业无疑应当作为进一步加强我国反垄断法实施的突破口，因此可以集中力量查处和惩戒那些典型垄断行业的突出垄断行为，这也将是我国反垄断执法实现转折的重要契机（张彤、李涵、宋瑞超，2014）。

（二）实施公平竞争审查制度是竞争政策基础地位的重要基础

2016 年 6 月 1 日，发布了《国务院关于在市场体系建设中建立公平竞争审查制度的意见》，为我国确立竞争政策基础性地位奠定了坚实基础。现有研究基本上是在这样的背景下，分析和探讨如何通过不断完善和进一步推进实施公平竞争审查制度来夯实竞争政策基础性地位。一是应当尽快扩大公平竞争审查的对象范围，把法律、行政法规、地方性法规及其草案列入常规的公平竞争审查范围，短期应该根据个别情况对个别法律、行政法规或者地方性法规组织审查，采取个别发现、个别纠正的办法（时建中，2017；向立力、俞四海，2017）。二是建立外部独立主体进行公平竞争审查，在过渡阶段可确定专责机关负责审查口径的指导和组织复查，应当建立起在竞争主管部门深度参与下的外部主体独立审查机制，由从事竞争政策研究实施的部门对各方审查主体在审查的口径上给予政策指导，并组织对审查结果的复查（黄勇、吴白丁、张占江，2016；向立力，2017）。三是审查标准应从形式标准向实质标准过渡，要防止一些部门和地方从文义上规避《国务院关于在市场体系建设中建立公平竞争审查制度的意见》所列举的 18 项审查标准，公平竞争审查的标准要以实质构成限制竞争的效果为准，多运用综合调查、跟踪观测等手段，而不是停留于文义比对（吴汉洪，2016；余东华、巩彦博，2017）。四是审查工具应从定性分析向定量分析过渡，例如政策措施限制竞争的程度，以及该政策给社会带来其他收益的程度对比分析，替代措施与原政策措施的成本收益分析，等等（宋义欣，2017；向立力，2017）。五是应从事后审查向事中审查过渡，应当以法律政策制定的事中环节审查为主，在起草阶段避免大部分不符合竞争政策的措施转化为正式的法律、政策，只有极少部分起草阶段难以对其限制竞争的效果作出准确判断的法律、政策，才需要组织事后审查（徐士英，2015；吴汉洪，2016）。六是应从政策性审查向法律性审查过渡，要确保立法机关接受公平竞争审查的结论，则需要给予公平竞争审查一定的法律地位，这样公平竞争审查就不再是依据一项政策文件而开展的临时性工作，而是依法行使职权，其结论对于立法机关的影响力才能得到有效提高（向立力，2017）。

(三) 积极推进竞争倡导是竞争政策基础地位的主要动力

竞争倡导是指竞争机构实施的除了竞争执法行为之外，通过与其他政府机构间的关系以及提高公众对竞争好处的认知度等方式，旨在改善经济活动竞争环境的行为。我国《反垄断法》实施以来，虽然在法律实施方面取得了较大的成绩，但不可否认的是，不论是政府机关还是社会公众，对于竞争文化并没有太多认同，因此，竞争倡导在我国尤其应当被重视。竞争倡导实现目标的手段，是从多层面、多角度去影响政府行为、企业行为和民众意识，优化竞争环境（尹雪萍，2015）。一是对政府部门的竞争倡导。除竞争审查外，应当通过多种方式加强对政府相关部门的竞争文化宣传，提高政府部门对竞争政策的认识，并就竞争政策与行业监管的关系等方面逐步达成共识（张占江，2010）。二是对市场主体的竞争倡导。除了竞争执法对市场主体的警示和法制宣传作用，竞争执法部门还应当采取多种方式为市场主体提供多方面的服务，倡导竞争理念（林仁波，2013）。三是对社会公众的竞争倡导。应积极探索新媒体、自媒体宣传方式。通过微信、微博等其他途径，加强竞争政策宣传，正面引导社会看待竞争执法、理解竞争政策。四是充分发挥科研院校等其他社会组织力量在竞争倡导中的积极作用（尹雪萍，2015）。

参考资料目录

[1] Asian Development Bank. Asian Development Outlook 2005 Promoting Competition for Long-term Development [EB/OL]. (2005－04－01) [2019－05－06]. https://www.adb.org/publications/asian-development-outlook-2005-promoting-competition-long-term-development.

[2] AHED G, DAVOODI H. Corruption Structural Reforms and Eco-

nomic Performance in the Transition Economies [D]. International Monetary Fund, 2000.

[3] ABROMEIT H. Government-Industry Relations in West Germany [M] //Governments, Industries and Markets: Aspects of Government-Industry Relations in the U. K. , Japan, West Germany and the USA since 1945. London: Edward Elgar, 1990.

[4] DAVID B, DANIEL F. Contested Mergers and Equilibrium Antitrust Policy [J]. Journal of Law, Economics & Organization, 1993, 9 (1): 1-29.

[5] BUCCIROSSI P, CIARI L, DUSO D, et al. Competition policy and Productivity Growth: an Empirical Assessment [J]. Review of Economics and Statistics, 2013, 95 (4): 1324-1336.

[6] CARLTON W D. Does Antitrust Need to Be Modernized? [J]. Journal of Economic Perspectives, 2007, 21 (3): 155-176.

[7] CHICK M. Industrial Policy in Britain 1945-1951: Economic Planning, Nationalization and the Labour Government [M]. Cambridge: Cambridge University Press, 1998.

[8] CRAFTS N. British relative economic decline revisited: The Role of Competition [J]. Explorations in Economic History, 2012, 49 (1): 17-29.

[9] EVENETT S J. Would enforcing competition law compromise industrial policy objectives? [M] //Brooks D H, Evenett S J. Competition Policy and Development in Asia. London: Palgrave Macmillan, 2005: 47-70.

[10] HOEKMAN B, HOLMES P. Competition Policy, Developing

Countries and the WTO [J]. The World Economy, 1999, 22 (6): 875-893.

[11] HSIEH C T, KLENOW P J. Misallocation and Manufacturing TFP in China and India [J]. Quarterly Journal of Economics, 2009, 124 (4): 1403-1448.

[12] MOTTA M. Competition Policy: Theory and Practice [M]. Cambridge: Cambridge University Press, 2004.

[13] NEVEN D J, ROLLER L H. Consumer Surplus Vs. Welfare Standard in a Political Economy Model of Merger Control [J]. International Journal of Industrial Organization, 2005, 23 (9): 829-848.

[14] NOLAND M, PACK H. Industrial Policy in an Era of Globalization: Lessons from Asia [R]. Institute for International Economics, 2003.

[15] OWEN G. Industrial Policy in Europe since the Second World War: What Has Been Learnt? [R]. ECIPE Occasional Paper, 2012.

[16] Is Competition Policy Useful for Emerging Countries? An Empirical Analysis. Law, Development and Innovation [R]. Pardolesi R, Danilo S, 2016.

[17] Consumer Surplus as the Appropriate Standard for Antitrust Enforcement [R] //Economic Analysis Group Discussion. Pittman R, 2007: 7-9.

[18] STERN J. The British Utility Regulation Model: Its Recent History and Future Aspects [J]. Utilities Policy, 2014 (31): 162-172.

[19] 曼弗里德·诺伊曼. 竞争政策：历史、理论及实践 [M]. 谷爱俊，译. 北京：北京大学出版社，2003.

[20] 松下满雄. 产业政策（法）と竞争政策（法）の相互补完性

[M] //小川正雄，高桥岩和．アジアの竞争法と取引法制．东京：法律文化社，2005.

[21] 宾雪花．产业政策法与反垄断法之协调制度研究 [M]．北京：中国社会科学出版社，2013.

[22] 陈秀山．现代竞争理论与竞争政策 [M]．北京：商务印书馆，1997.

[23] 陈尧，梁家祥，朱洪波．经济全球化背景下如何提升我国的经济竞争力——关于竞争政策和产业政策战略搭配的探讨 [J]．中央财经大学学报，2002 (01)：22-25，80.

[24] 丁启军，伊淑彪．中国行政垄断行业效率损失研究 [J]．山西财经大学学报，2008 (12)：42-47.

[25] 洪银兴．论市场对资源配置起决定性作用后的政府作用 [J]．经济研究，2014，49 (01)：14-16.

[26] 胡伟．高质量发展阶段我国产业组织政策的四个前沿问题 [J]．经济纵横，2019 (01)：76-82.

[27] 胡伟．竞争政策理论与应用前沿 [N]．中国社会科学报，2018-05-02 (004).

[28] 黄勇．供给侧结构性改革中的竞争政策 [J]．价格理论与实践，2016 (01)：20-22.

[29] 黄勇，吴白丁，张占江．竞争政策视野下公平竞争审查制度的实施 [J]．价格理论与实践，2016 (04)：31-34.

[30] 江飞涛，李晓萍．直接干预市场与限制竞争：中国产业政策的取向与根本缺陷 [J]．中国工业经济，2010 (09)：26-36.

[31] 金善明．供给侧结构性改革下的中国竞争政策实施——基于 2016 中国竞争政策论坛观点梳理与思考 [J]．价格理论与实践，2016 (10)：

53-57.

[32] 李冀申. 存贷款利差结构变化对利率市场化改革的启示 [J]. 上海金融，2011 (07)：45-48.

[33] 李平，江飞涛，王宏伟. 重点产业调整振兴规划评价与政策取向探讨 [J]. 宏观经济研究，2010 (10)：3-12，48.

[34] 李晓琳. 市场经济体制背景的竞争政策基础体系解构 [J]. 改革，2017 (03)：99-109.

[35] 林仁波. 竞争倡导：一个文献综述 [J]. 经营与管理，2013 (09)：74-75.

[36] 刘桂清. 反垄断法中的产业政策与竞争政策 [M]. 北京：北京大学出版社，2010.

[37] 刘劲松，舒玲敏. 论产业政策与竞争政策的战略搭配——以日本为例 [J]. 当代财经，2006 (07)：74-78.

[38] 刘小玄，吴靖烨. 资源配置、垄断力量与制造业的市场壁垒 [J]. 改革，2015 (06)：64-72.

[39] 刘志成. 我国典型垄断行业垄断行为分析及其福利损失估算 [J]. 中国物价，2014 (03)：13-16.

[40] 刘志成. 中国反垄断：经济理论与政策实践 [M]. 经济科学出版社，2015.

[41] 陆剑. 发展中国家产业政策和竞争政策的选择与协调 [J]. 宏观经济研究，2015 (04)：153-159.

[42] 孟雁北. 论产业政策与反垄断法的冲突与协调 [J]. 社会科学研究，2005 (02)：78-83.

[43] 孟哲. 竞争法的政策目标研究 [D]. 中国青年政治学院，2011.

[44] 石俊华. 论反垄断法实施后我国产业政策与竞争政策的协调 [J].

云南社会科学，2009（01）：99-103.

[45] 时建中．强化公平竞争审查制度的若干问题［J］．行政管理改革，2017（01）：43-46.

[46] 史际春，赵忠龙．竞争政策：经验与文本的交织进化［J］．法学研究，2010，32（05）：104-112.

[47] 宋义欣．公平竞争审查制度构建之框架性思考［J］．北京政法职业学院学报，2017（01）：51-56.

[48] 孙晋．国际金融危机之应对与欧盟竞争政策——兼论后危机时代我国竞争政策和产业政策的冲突与协调［J］．法学评论，2011，29（01）：90-99.

[49] 孙晋．通过修法夯实我国竞争政策的基础性地位［J］．竞争法律与政策评论，2018（04）：17-19.

[50] 王先林，丁国锋．反垄断法实施中对竞争政策与产业政策的协调［J］．法学，2010（09）：28-35.

[51] 吴汉洪．对我国建立公平竞争审查制度的认识［J］．中国价格监管与反垄断，2016（08）：26-27.

[52] 向立力．中国公平竞争审查制度的理论梳理、制度基础与机制完善［J］．法治研究，2017（03）：95-107.

[53] 向立力，俞四海．公平竞争审查制度的理论梳理与完善建议［J］．中国价格监管与反垄断，2017（03）：29-33.

[54] 徐士英．竞争政策视野下行政性垄断行为规制路径新探［J］．华东政法大学学报，2015，18（04）：27-39.

[55] 许昆林．逐步确立竞争政策的基础性地位［J］．价格理论与实践，2013（10）：5-7.

[56] 叶卫平．产业政策对反垄断法实施的影响［J］．法商研究，2007

(04)：18-23，36.

[57] 尹雪萍. 竞争倡导：发展中国家竞争法实施的短板——以印度经验为视角 [J]. 理论学刊，2015 (06)：99-106.

[58] 于立，刘玉斌. 中国市场经济体制的二维推论：竞争政策基础与市场决定性 [J]. 改革，2017 (01)：16-31.

[59] 于良春，张伟. 产业政策与竞争政策的关系与协调问题研究 [J]. 中国物价，2013 (09)：6-10.

[60] 余东华，巩彦博. 供给侧改革背景下的反垄断与松管制——兼论公平竞争审查制度的实施 [J]. 理论学刊，2017 (01)：58-65.

[61] 张穹. 我国现阶段反垄断工作的改革使命 [J]. 价格理论与实践，2014 (01)：10-13.

[62] 张彤，李涵，宋瑞超. 产业结构调整与经济转型下的产业现状与展望——“2014 产业经济与公共政策双年会”综述 [J]. 经济研究，2014，49 (06)：185-188，192.

[63] 张伟，于良春. 中国竞争政策体系的目标与设计分析 [J]. 财经问题研究，2010 (06)：32-38.

[64] 张占江. 反垄断法与行业监管制度关系的建构——以自然垄断行业内限制竞争问题的规制为中心 [J]. 当代法学，2010，24 (01)：108-120.

[65] 赵伟. 干预市场——当代发达市场经济政府主要经济政策理论分析与实证研究 [M]. 北京：经济科学出版社，1999.

[66] 郑芸. 竞争政策目标的国际比较研究 [D]. 厦门大学，2009.

[67] 周锐. 日本产业政策演变过程、特征及对中国的启示 [J]. 生产力研究，2008 (06)：101-102，109.

[68] 李剑. 反垄断法实施与产业政策的协调——产业政策与反垄断法的冲突与选择 [J]. 东方法学，2011 (01)：103-112.

调 研 篇

第八章
关于清理整顿“新居配”政策执法案例的调查报告

内容提要：调研发现“新居配”政策严重危害了市场竞争，强化了供电企业的市场势力，抬高了供配电设施的安装价格，提高了房地产开发成本，损害了消费者福利。对相关政策的清理整顿，有力推进了“放管服”改革，降低了房地产开发成本，培育了政府公平竞争意识。结合问卷数据对执法效果的测算表明，清理整顿“新居配”政策对房地产企业降成本的贡献达到 53.53 亿元。基于上述分析，我们提出应从强化事中事后监管、加强事前竞争倡导、深化垄断行业国有企业改革、全面落实公平竞争审查四个方面进一步促进公平竞争，优化市场环境。

2007 年以来，部分省市以规范新建住宅供配电设施安装市场秩序为名，陆续推出了以明文或隐性指定供电企业“统一安装，统一收费”为主要特点的“新居配”政策，涉嫌滥用行政权力排除和限制竞争。2014 年国家发展改革委接到举报后组织开展调查，2016 年底集中公布了 12 个省份“新居配”政策的调查和整改情况。为评估清理整顿“新居配”政策执法效果，了解公平竞争审查制度落实情况，2017 年 3 月至 8 月期间，国家发展改革委市场所竞争政策课题组（以下简称课题组）前往天津、江西、山西等地进行了实地调研。同时，课题组还结合问卷调查和电话访谈等方式，对清理整顿“新居配”政策的情况进行了多渠道调研。

一、调查背景

（一）调查方法与基本情况

为真实客观反映清理整顿“新居配”政策的效果，课题组采取实地调研和电话访谈、发放调查问卷结合的方式进行了深入调研。

1. 实地调研

调研中，课题组与天津、山西、广西三省区市发改、物价、住建等部门，房地产协会以及典型房地产企业、电力设施安装企业进行了座谈，实地考查了相关项目实施情况，就清理整顿“新居配”政策相关问题进行了深入交流。

2. 电话访谈

课题组选取山东、山西、广西等地区，对房企进行电话访谈，每个地区访谈数量在100家左右，就“新居配”政策对企业的实际影响、成本变化和存在问题进行了直接沟通，并对问卷填写数据的真实性和准确性进行了考证。

3. 调查问卷

课题组根据政策出台的特点设计了三类问卷，第一类针对出台过“新居配”政策的地区，第二类针对未出台过“新居配”政策的地区，第三类则是针对地方房地产协会的调查。前两类的调研对象均为房地产开发企业，第三类问卷由地方房地产协会根据其统计数据填写。问卷一共发放 875 份，回收 733 份。问卷回收后，课题组对问卷进行了录入整理，剔除了一些无效问卷和信息不完全的问卷。最终有效问卷总共涵盖房地产项目 896 个，其中“新居配”政策出台前完成项目 333 个，政策实施期间完成项目 415 个，政策退出后完成项目 148 个（见图 8-1）。

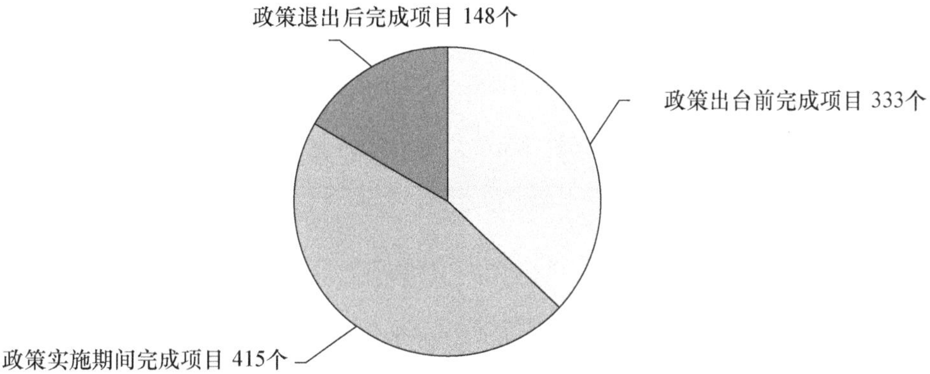

图 8-1　有效问卷涵盖房地产项目情况

数据来源：课题组整理。

(二) 政策实施和清理整顿基本情况

为了更好地利用访谈及调查问卷的结果，课题组对各省份“新居配”政策出台和废止的情况进行了整理，对各地出台政策与废止政策的文件名、文号、发文部门及整改措施进行了系统梳理（见图 8-2）。

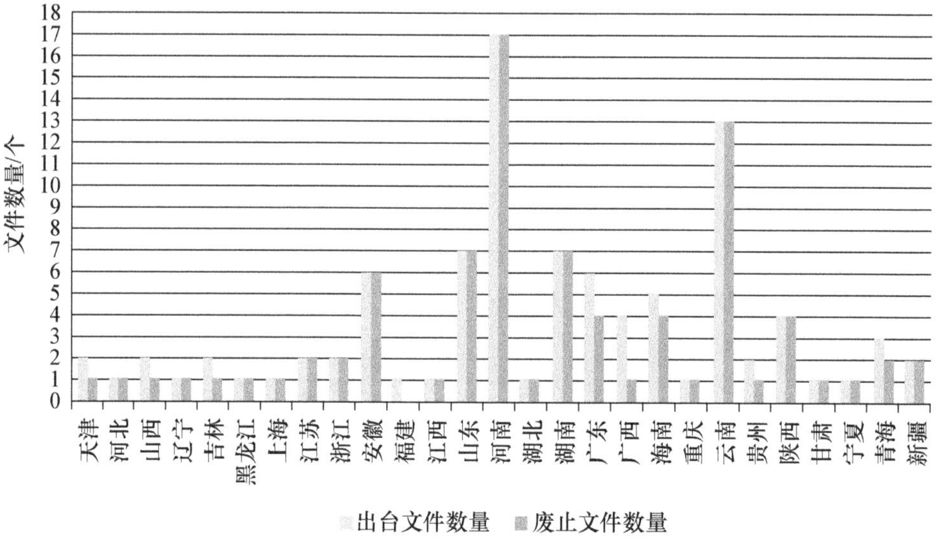

图 8-2　全国出台和废止“新居配”政策数量

数据来源：课题组整理。

汇总数据表明，包括地市级出台的文件，全国出台“新居配”政策文件共 96 个，废止的“新居配”政策文件共 84 个。总体看来表现出以下几个特点。

一是出台和废止“新居配”政策的部门较集中。从政策制定和废止的部门看（见图 8-3），出台“新居配”政策的主要是物价部门、地方政府及发改部门，分别出台文件 39 个、35 个和 16 个。第一批政策被废止的 12 个省份中，6 个省份的政策由物价部门出台，其余 6 个由发改部门或地方政府出台。其他省份中有少部分是联合住建、能源、规划等部门出台政策。而废止政策的部门也主要是这三个部门，地方政府废止文件 30 个，物价部门和发改部门废止文件均为 25 个。这反映出，即便在承担公平竞争审查职责的发改、价格部门，滥用行政权力排除和限制竞争的做法也不鲜见，部分工作人员的公平竞争意识还不强。

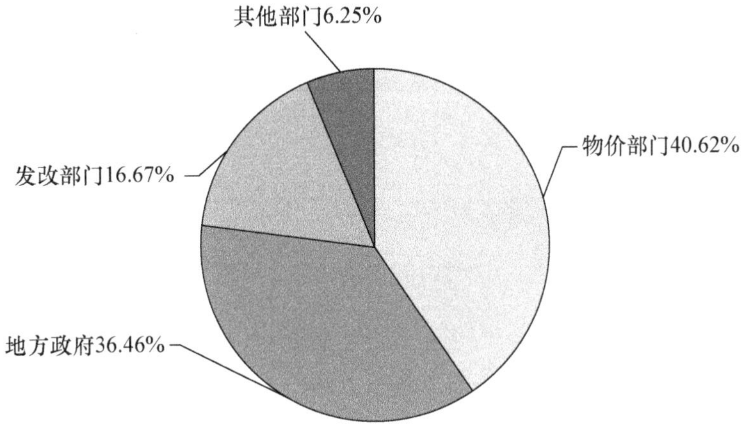

(a) 政策出台部门文件比例

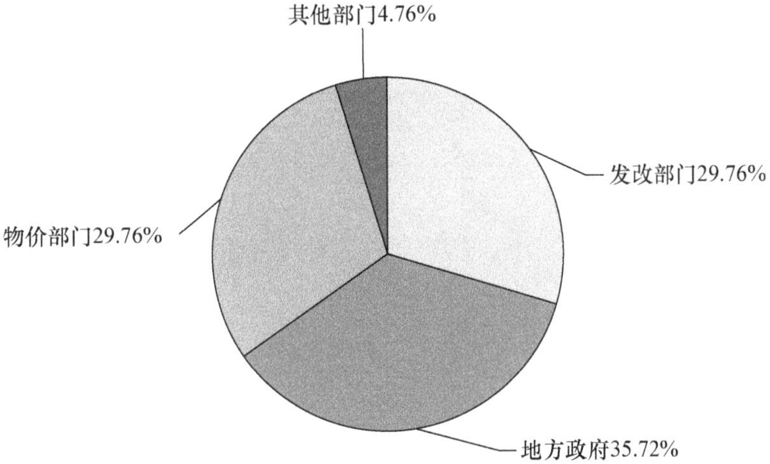

(b) 政策废止部门文件比例

图 8-3　政策出台和废止的主要部门及文件比例

数据来源：课题组整理。

二是大部分地区政策存续期都在 3 至 5 年以上。从政策存续时间看，大部分地区都在 2010—2013 年出台了政策，政策实施 3 至 5 年以上。部分在 2005—2008 年就已出台政策，实施时间较长，如河北、天津等。还有一些地区效仿其他省份，2015—2016 年才出台相关政策，实施时间较短，对市场的影响相对较小，如辽宁、安徽阜阳等。这表明，如果政策不能及时有效清理，其负面效应往往会维持较长时间，对市场秩序和消费者福利损害较大。

三是全国大部分省份都出台了“新居配”政策。从影响范围来看（见图8-4），一些省份是由省级政府出台“新居配”政策，并且根据各自的情况直接规定了价格标准，如河北、辽宁、上海等地。另一些省份并未在省级层面统一出台“新居配”政策，但地市级层面出台了相关政策，且文件规定的内容更加详细。如浙江、湖南长沙、山东、安徽和河南等地。这反映出，排除、限制竞争的行政行为一旦作出又不能有效制止，往往具有负面示范效应，会在各地区蔓延。

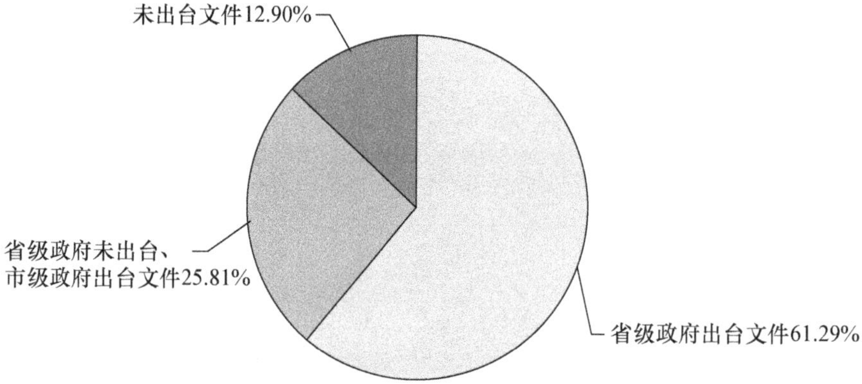

图 8-4　全国出台“新居配”政策的概况

数据来源：课题组整理。

四是政策文件大都使用了排除和限制竞争的表述。从文件规定的内容看，大都使用了“统一规划、统一组织、统一设计、统一建设、统一管理”等排除和限制竞争的表述。有些文件直接指定供电企业进行建设，而有些文件并没有明确指出，但使用鼓励房地产开发商与供电企业签订合同等方式进行隐性限定。这反映出，一些地方在制定政策时，往往缺乏促进和保护竞争的考虑，加快公平竞争审查制度非常必要。

五是在国家发展改革委开展清理整顿工作后，各地通过多种方式退出了相关政策。各地在清理“新居配”政策时主要有以下几种做法。（1）停止执行相关文件，重庆、贵州和山西三省市分别发文停止执行“新居配”政策文件和收费标准；（2）修改相关文件，辽宁发文删除了“统一收费、统一建设”的内容，吉林发文删除了“统一建设”规定；（3）废止相关文件，河北、黑龙江和甘肃分别发文废止原文件；（4）放开收费标准，江西和天津发文放开了“新居配”收费标准，转由市场主体自主定价。

二、“新居配”政策排除和限制竞争的典型做法与危害

相关政策的出台，部分出于规范市场秩序、提升居民小区供配电设施的维护能力的考虑。表面上看，“新居配”政策有利于解决市场秩序和设施维护问题，但以破坏正常的市场竞争为代价解决相关问题，既非充分，也不必要。“新居配”政策严重危害了市场竞争，提高了房地产开发成本，损害了消费者福利。关于其排除和限制竞争做法的集中表现和危害，我们将结合调研和访谈中了解到的案例加以说明。

（一）导致垄断定价和重复收费，加重企业和消费者负担

“新居配”政策出台文件的定价全部高于市场均衡价格，增加了房地产企业开发成本，最终只能转嫁给购房者。各地在设定住宅供配电设施的配套费标准时，尽管也号称参照历史建设成本，适度超前，但实际收费标准不仅大幅高于政策实施前市场供求决定的收费标准，即便在政策实施较长时间之后，也高于新的市场条件下竞争性的均衡价格。从一些地方执行情况来看，部分城市的收费标准竟高达市场均衡价格的两倍以上。比如，广西北海和梧州在

政策出台之前，供配电设施安装费用分别为70元/平方米和80元/平方米左右，政策出台后两地收费标准分别上涨到100元/平方米和148元/平方米，分别上涨了42.86%和85%。青海部分地区收费上涨幅度更为惊人，青海省紫恒房地产公司在政策出台前的收费标准为45元/平方米，文件出台后上涨到125元/平方米，上涨了接近两倍。较高的收费标准给供电企业带来了不合理的高收益，而相关成本一部分由房地产企业承担，而另一部分则通过上调住房销售价格转嫁给了最终消费者，加重了购房者的负担。

案例1： 电话访谈中得知，某市将“新居配”工程进行分割，需抄表到户的工程由供电企业施工，规定收费标准为130元/平方米，其余由房地产公司自行招标施工。核算下来供配电设备费用高达150元/平方米。而政策出台前建设成本只要95元/平方米，涨幅高达57.9%。被访谈人称此举表面是解决抄表到户和工程质量的“两全之策”，实际上以不合理方式大幅增加房地产企业成本，最终部分成本转嫁给消费者。

此外，调研中还发现存在严重的重复收费问题。购房者购房时已交过一笔住宅专项维修资金，该维修基金实际上包括房屋公用设施专用基金和房屋本体维修基金，按道理当业主的电力设施出现故障时应该使用这笔资金，而加收电力设施建设费则涉嫌重复收费。又如，高层住宅供电计量装置分层装设时，楼内配电间配电柜至各层电能计量装置间电力电缆需要通过大楼竖井进行敷设，施工建设费用较高。在“新居配”统一建设的政策下，其电力的设计、购置、安装和调试本应全部由供电企业负责，但实际上供电企业只进行一些基本设施的建设，其他还是由房地产开发公司另行出资完成。房地产开发公司必然会将开支转嫁到购房者身上，重复收费，“层层加码”，购房者不堪重负。

案例2： 调研中发现，某市供电企业在收到供配电设施建设安装费后，还会以“沟道费”“搭伙费”“互控制”“装置费”等名义，重复向开发商收费。

若开发商不满足其要求，供电企业就会对开发商第二、三期开发用电迟迟不予受理，而一些主管部门并未依法纠正此类不当行为。

（二）强化电企市场势力，服务质量打折增加消费者福利损失

“新居配”政策是典型的指定交易，强化了电企市场势力的同时，居配服务并未得到根本性改善，甚至出现服务效果“打折”的情况。“新居配”政策普遍指定由地方供电企业负责安装，把一些具备相应能力和资质的企业排除在市场之外，这极大地限制了市场供应，使供电企业在市场上“奇货可居”，增加了开发企业和消费者的福利损失。一方面，这种做法强化了供电企业的市场势力，使其在与房地产企业的交易中具有一定的市场支配地位，在价格既定的情况下，可能会降低服务质量或滋生腐败。另一方面，由于市场供应受限，住房建设规模快速增长时期，大量新建住宅需要等待较长时间才能安装供配电设施，导致建设工期偏长，给房地产企业带来了较大的损失。部分企业反映，在“新居配”政策出台之后，原本按部就班推进的安装工程受到了严重冲击，一部分项目出现了无法按期交房的问题，导致企业承受了较大损失。

案例 3： 从电话访谈中得知，某市供电企业由于同时存在几个供配电项目施工，工期延长，进展缓慢。房企多次交涉无果，只能眼睁睁地承担项目延期后果，一方面工期加长导致成本增加，另一方面要承担向购房者赔偿延期交房损失的风险。

（三）对招投标平台监管不力，公平交易受到质疑

“新居配”政策文件指定由地方电力公司组织招标，而招标平台大都存在

"潜规则"，往往会引致串谋投标、隐性指定交易等现象。一部分地区在实施"新居配"政策时，采购相关材料的招标项目往往是由地方电力公司组织并在其平台招标，公平性无法得到有效保证。有的供电企业并未公开招标，或者在招标过程中不同程度地存在不规范的问题。一些具备资质的民营企业被排斥在招标范围之外，供电企业会以材料质量不达标等冠冕堂皇的理由拒绝其参与招标，而中标企业和招标的地方电力公司大都相互关联。

案例4：从电话访谈中得知，某市A房企在项目招标中，通过多渠道了解到供货方与电企存在"千丝万缕"的关系。但由于电企招标平台被"新居配"文件涂上了保护色，房企也只能"睁一只眼，闭一只眼"，无奈承担较高的成本负担。

事实上，各地方都有相应的政府招投标平台，在政府招标平台进行采购招标更合理，也更公正，能够在一定程度上避免招标过程中的关联交易和串谋行为。如果招标平台的公正性难以保证，就会助长一连串的利益链条，形成行政力量与垄断企业强势联合的垄断势力，严重干扰市场政策运行秩序。

（四）存在大量歧视性交易行为和交易条款，激化了社会矛盾

"新居配"政策文件具有一定的歧视性，交易双方地位不对等，在一定程度上激化了社会矛盾。比如，新建住宅地下车库的供配电问题。由于房地产企业对供应商别无选择，在政府文件没有规定的空白地带，只能由具有市场支配地位的供电企业说了算，在服务范围、价格、付款方式等方面容易形成不对等的交易条款。尤其是在缴费的时间及比例方面，可能导致开发商的现金支出提前，给其带来一定的现金流压力。这种歧视性交易条款严重激化了社会矛盾。如广西"新居配"政策实施以来，项目建设开发单位抵触情绪强

烈，尤其是房价偏低的地区，居配成本占比大幅增加，中央巡视组、国家发展改革委、国家市场监督管理总局、国家信访局、自治区人民政府、自治区信访局等接到了多次投诉。总体来看，歧视性交易条款严重违背公平竞争的市场原则，导致一些地区相关领域社会矛盾激化。

案例5：调研发现，某省出现了房地产开发企业“联名上书”的情况，社会影响恶劣，被投诉的主要问题，一是供配电设施项目由供电企业统一建设，涉嫌垄断；二是收费标准太高，资金缴纳时间不合理；三是因“新居配”建设工期不同步，影响交房。

三、清理整顿“新居配”的积极影响

“新居配”是一个滥用行政权力排除和限制竞争的典型案例。清理整顿“新居配”既有力地纠正了地方违背《反垄断法》基本原则的不合理政策，防止相关政策的负面影响进一步扩大，也是对各级地方政府提升竞争意识、培育竞争文化的有力督促。

（一）以典型案例执法为契机，加快推进“放管服”改革

通过这一典型案例执法，一方面能够帮助地方政府认识到其管辖对象和政策举措超出了合理限度，另一方面能够理清其在市场促进优胜劣汰、合理配置资源方面的积极作用，推动各地政府合理限定政府职能，加快推进“放管服”。

调研发现，地方政府通过这次典型案例的执法行动，对“放管服”的改革有了更清晰和明确的认识。山西有关部门人员认识到，由政府制定供电企业统一建设的做法确实损害了市场竞争。尽管供电企业通过招投标选择供配

电设施建设单位，但从具体操作来看，评标委成员往往来自与其有关联的施工企业，不利于其他民营施工企业参与公平竞争。地方住建部门也认为，制定供电企业统一安装建设维护供配电设施，剥夺了开发商自主选择施工企业的权利。广西有关部门还以清理整顿“新居配”政策为契机，加强了对政府工作人员推进“放管服”改革的宣传教育工作，敦促有关部门正确认识政府与市场的边界，避免出台排除、限制竞争的各类政策。

（二）切实降低房产开发成本，有利于房地产稳价格、去库存

对“新居配”政策的清理，有效降低了工程价格，降成本效果“立竿见影”。有效的成本控制也间接遏制了房价的过快上涨。“新居配”政策排除和限制了供电设施安装环节的市场竞争，导致不合理的高价，也容易导致相关企业垄断势力向下游延伸，抬高了房价。同时在一些房价偏低地区，如果房地产开发建设成本过高，会严重影响其去库存的进程。因此，清理整顿“新居配”政策排除、限制竞争的行为，能够实现市场的充分竞争，激发市场活力，切实降低房地产开发中供电设施的建设成本，对稳房价和去库存具有积极意义。中国房地产协会通过简单匡算发现，清理整顿后，10 个省份每平方米供电设备安装成本分别降低 8.25％～57.36％不等，降幅非常明显。仅 2016 年，10 个省份该项资金降幅总额就达到了 74.29 亿元。

（三）纠正资源错配，维护公平竞争的市场秩序

清理整顿“新居配”政策可以通过强化该领域的市场竞争，使市场中更有效率、技术水平更高的企业在竞争中脱颖而出。在“新居配”案例中，以

行政力量排除和限制竞争，使得边际成本较高的垄断企业占据市场支配地位，资源配置偏离了最优状态。废除这一政策，可以使所有的市场主体获得均等的竞争机会，保障劳动生产率较高和边际成本较低的企业为市场提供优质的产品和服务，使资源配置能够达到相对优化的状态，市场竞争回到正常轨道，维护公平竞争的市场秩序。一方面，纠正“新居配”防止垄断企业滥用市场支配地位，能让其与所有市场主体一起公平地参与市场竞争，还能够提升垄断企业的服务质量，改善其由于长期垄断带来的劳动生产率较低的状况，实现垄断企业产品及服务的提质增效。另一方面，纠正“新居配”能够激活市场主体的积极性，为更多的企业提供公平竞争的机会，让真正的优质企业在竞争中获胜，在纠正资源错配的同时维护了市场竞争秩序。

（四）培育政府公平竞争意识，扫除落实公平竞争审查障碍

对有违公平竞争原则典型政策的清理整顿，能够帮助地方政府认识滥用行政权力限制竞争的恶劣影响，明确公平竞争审查的必要性，有利于公平竞争审查制度快速贯彻落实到位。公平竞争审查是确立竞争政策基础地位的关键一步，公平竞争审查也是一个有序推进的过程，各地需要在实践中不断加强认识、总结经验。清理整顿“新居配”政策，有利于积累反垄断执法经验，切实预防和制止各种滥用行政权力排除竞争的行为。清理整顿“新居配”政策涉及面广，影响范围大，也在一定程度上触动了一些部门的利益。地方价监局认为，“执法即最好的普法”，这一案例，是对后续公平竞争审查工作的侧面宣传，能够更好地在工作中积极贯彻“十八个不得”的审查标准和实施细则，时刻绷紧审查红线，对建设公平竞争的市场环境具有实质性的意义。

调研中也发现：尽管一些地方在废除和整改“新居配”文件后，市场秩

序得到了一定程度的恢复，但排除和限制竞争的负面影响仍然存在，仍然有诸多需要进一步解决的问题。

一是受一些隐性的歧视性政策影响，部分项目中供电企业及其关联企业仍能获得不公平的竞争优势。由于工程验收标准由供电企业制定，供电企业可以通过设置障碍间接指定关联企业参与住宅小区供电工程建设。这些障碍涉及技术要求、资质认定，申请报装环境、临时用电、验收环节、材料标准、报装制度等相关内容的限定。很多开发商出于交房期限限制或者怕麻烦等原因，都会默认供电方关联企业。二是部分地区的电网企业仍在实施拒绝交易等垄断行为。一些地方电力企业还会以开发商自建工程部不达标等为由拒绝接受新建小区住宅供配电设施，妨碍小区后期设施的维修和供电安全，同时使此类小区成为“合表用户”，妨碍了阶梯电价的执行。而一些地方政府也对此现象“视而不见”。这种典型的地方保护主义给垄断企业的垄断行为打开了保护伞。三是清理整顿工作在一些地方和一些部门遇到了阻力和反弹。调研发现，一些地方清理整顿存在“雷声大，雨点小”的情况，即均承诺废止政策，但一段时间后，房地产企业仍未接到自主招标的通知，只能执行旧政策，“新居配”政策废止并未落到实处。

因此，清理整顿“新居配”政策后，根除“三指定”行为和垄断企业隐性操纵市场现象，保障用户用电权益，仍然任重而道远。

四、清理“新居配”的政策模型测算和影响评估

（一）问卷数据整理

通过对问卷的整理可以看出，山东、云南、山西、广西、安徽、福建等地的数据较好地覆盖了政策出台前、政策实施期间和政策退出后三个不同时

期的市场情况。甘肃、上海和新疆等地部分信息缺失（见表 8-1）。需要说明的是，在安徽、湖南、天津、云南和新疆等地选取的调查对象中，既有出台过“新居配”政策的地级市，也有未出台过该政策的地级市，所以上述省份会同时出现在出台过和未出台过“新居配”政策的问卷整理表中。

表 8-1　有“新居配”政策出台的省份回收问卷涵盖房地产项目情况

省（区、市）	涵盖房地产项目数量（个）				占比（%）
	政策出台前	政策实施期间	政策退出后	合计	
安徽	13	13	9	35	3.91
福建	17	13	1	31	3.46
甘肃	1	0	0	1	0.11
广西	11	18	8	37	4.13
贵州	6	15	4	25	2.79
湖南	9	6	3	18	2.01
辽宁	4	14	2	20	2.23
山东	181	215	71	467	52.12
山西	19	19	13	51	5.69
上海	8	8	0	16	1.78
天津	1	2	2	5	0.56
云南	20	31	17	68	7.59
重庆	41	57	18	116	12.95
新疆	2	4	0	6	0.67
合计	333	415	148	896	100

数据来源：课题组整理。

从表 8-2 可以看出，没有出台“新居配”政策的地区中，四川、云南、内蒙古等地回收问卷涵盖的项目信息较多，能够反映近几年供配电设施安装市场的价格信息变动趋势。

表 8-2　没有“新居配”政策出台省份回收问卷涵盖房地产项目情况

省（区、市）	涵盖房地产项目数量（个）							占比（%）
	2012 年	2013 年	2014 年	2015 年	2016 年	2017 年	合计	
安徽	3	2	1	2	1	1	10	3.88
北京	1	0	2	3	6	2	14	5.43
湖南	2	4	1	4	6	2	19	7.36
内蒙古	10	4	4	7	6	1	32	12.40
山西	1	0	0	4	0	4	9	3.49
四川	11	11	20	27	19	25	113	43.80
天津	0	0	0	1	1	2	4	1.55
新疆	2	0	0	0	0	1	3	1.16
云南	9	9	10	12	12	2	54	20.93
合计	39	30	38	60	51	40	258	100

数据来源：课题组整理。

在整理问卷的基础上，我们对各省供配电安装市场的价格情况进行了初步统计分析，结果见表 8-3 和表 8-4。

表 8-3　有“新居配”政策的省份政策出台前后供配电安装市场价格水平

单位：元/平方米

省（区、市）	总体平均价格	政策出台前	政策实施期间	政策退出后	实施后的涨幅	废止后的降幅
安徽	113.78	104.79	117.90	113.58	13.11	−4.32
福建	73.43	77.98	70.15	*	−7.83	*
甘肃	63.18	*	63.18	*	*	*
广西	85.06	69.94	100.88	60.41	30.94	−40.47
贵州	54.65	48.88	61.00	72.00	12.12	11.00
湖南	81.69	49.68	97.70	*	48.02	*
辽宁	77.69	78.05	76.84	*	−1.21	*
山东	96.47	71.26	116.26	86.68	45.00	−29.58
山西	99.63	75.91	110.12	98.87	34.21	−11.25
上海	167.89	156.42	179.36	*	22.94	*
天津	106.13	*	108.33	102.82	*	−5.51
新疆	39.77	19.66	79.99	*	60.33	*
云南	82.41	76.05	93.09	58.18	17.04	−34.91
重庆	106.66	99.79	118.20	87.90	18.41	−30.30
平均	94.04	74.69	109.54	82.35	34.84	−27.19

注：* 表明该项数据缺失。
数据来源：课题组测算。

从表 8-3 可以看出，各地新建住宅供配电设施安装价格差异较大，上海、安徽、天津、重庆等地价格水平较高，新疆、贵州、甘肃、福建、辽宁等地价格水平较低，这与课题组电话调研的情况基本吻合，全国各地的平均价格略高于 94 元/平方米。“新居配”政策出台之前，全国的平均价格为 74.69 元/平方米，政策实施期间的平均价格为 109.54 元/平方米，清理整顿“新居配”政策后，平均价格水平为 82.35 元/平方米。“新居配”政策出台导致全国平均价格上涨 34.84 元/平方米，清理整顿后价格回落 27.19 元/平方米。需要指出的是，上述价格变动除政策出台和退出的影响之外，也在一定程度上包含了时间推移和成本变动对市场价格的影响。

从分省情况看，除部分样本量较小无法完全反映价格变动全貌的省份外，几乎所有省份“新居配”政策的出台都导致了供配电设施安装费用的上涨，反映出这一政策通过限制和排除竞争，强化了安装企业的议价能力，使房地产企业承担了不合理的高价；几乎所有的省份在清理“新居配”政策之后，供配电设施安装费用都出现了一定的回落，反映出反垄断执法机构对相关政策的清理整顿使市场秩序逐步恢复正常，在竞争机制合理发挥作用的市场环境下，安装企业的报价向合理水平回归。总体来看，清理整顿“新居配”政策恢复了竞争机制的作用，激发了市场活力，降低了房地产企业的成本。

表 8-4　未出台“新居配”政策省份供配电安装市场历年价格水平

单位：元/平方米

省（区、市）	2012 年	2013 年	2014 年	2015 年	2016 年	2017 年	加权平均
安徽	99.76	106.42	135.00	89.97	87.11	88.95	100.31
北京	185.60	*	228.12	255.25	207.11	209.33	219.21
湖南	51.55	94.00	28.50	81.46	118.65	102.50	92.12
内蒙古	75.79	27.53	96.56	33.29	69.95	68.18	61.73
山西	10.61	*	*	78.58	*	38.12	53.05
四川	63.01	62.31	67.44	53.89	52.11	55.98	58.16
天津	*	*	*	107.75	55.00	117.72	99.55

续表

省（区、市）	2012 年	2013 年	2014 年	2015 年	2016 年	2017 年	加权平均
新疆	102.86	*	*	*	*	128.44	111.38
云南	45.19	65.91	78.78	86.39	55.38	65.27	67.03
加权平均	68.26	65.92	82.70	73.64	81.78	70.68	74.41

注：* 表明该项数据缺失。
数据来源：课题组测算。

从表 8-4 可以看出，不同地区差距较大，且某些省份某些年份价格水平显著低于其他年份，反映出受问卷数量限制，未出台“新居配”政策的省份数据代表性受到一定限制。但分省数据中，北京等经济发达地区价格水平较高，而经济落后地区价格水平较低，符合人们对市场的一般预期。从未出台“新居配”政策各省份历年的平均价格来看，平均值为 74.41 元/平方米，与有该政策出台的省份出台政策前的平均水平（74.69 元/平方米）基本持平，而出台该政策的省份此后价格水平有明显上升。这反映出“新居配”政策确实明显扰乱了供配电设施安装市场，对相关政策的清理有力维护了市场竞争。

（二）计量模型和回归分析结果

我们选取对数线性回归模型，以价格水平的对数作为自变量，来判定“新居配”政策出台对供配电设施安装费用的影响。模型具体设定如下：

$$\ln P_{it}=\alpha_i+\beta_t+\beta_{1j}D_j+\beta_{2k}D_k+\varepsilon_{it}$$

其中，$\ln P_{it}=\ln(P_{it})$，为每个项目供配电设施安装价格的对数。与简单线性回归模型相比，对数线性模型的回归系数含义有所不同，其中，β_t 为第 t 年与基年价格水平的平均差距，这一差距不同于绝对水平差距，而是反映第 t 年高于（或低于）基年价格水平的百分比。同理，β_{1j} 为“新居配”政策对供配电设施安装价格水平的影响幅度，反映为价格变动的百分比。β_{2k} 为供配电设施安装绝对价格水平的省际差异，也反映为百分比。

按照上述模型设定，利用问卷所得的房地产项目安装供配电设施工程的相关数据进行线性回归后，得到回归结果见表 8-5。

表 8-5　对数线性回归模型计量分析结果

变量	系数	标准差	T 值
年份	0.040 2	0.01	4.38
基准：政策出台前			
政策实施期间	0.186 2	0.05	3.88
政策退出后	−0.188 3	0.09	−2.18
基准：安徽			
福建	−0.411 6	0.14	−2.96
甘肃	−0.634 3	0.57	−1.12
贵州	−0.659 1	0.16	−4.20
湖南	−0.526 7	0.18	−2.93
辽宁	−0.249 7	0.16	−1.58
山东	−0.279 6	0.10	−2.78
山西	−0.116 2	0.12	−0.93
上海	0.384 4	0.17	2.27
天津	0.036 4	0.27	0.14
云南	−0.380 3	0.11	−3.45
重庆	0.010 0	0.12	0.08
广西	−0.226 5	0.13	−1.70
新疆	−1.196 0	0.25	−4.83

数据来源：课题组计算。

回归结果表明，从 14 个实施过“新居配”政策的省份情况看，平均而言，“新居配”政策实施后，房地产项目安装供配电设施的单价上涨了 18.62%，清理整顿完“新居配”政策之后，房地产项目安装供配电设施的单价下降了 18.83%。这一结果表明，“新居配”政策所产生的排除和限制竞争的影响较大，政策实施后供配电设施安装费用出现了较大幅度的上涨，而政策清理整顿之后，价格水平下跌的幅度与价格上涨的幅度基本持平，反垄断执法效果非常明显。

从不同年份的项目供配电设施安装情况看，平均而言，供配电设施安装费用每年上涨 4.02%。

通过对计量模型的结果进行分析可以发现，对数线性模型的拟合情况较好，反映在两个方面：一是从各个回归系数的显著水平来看，对数线性回归模型的政策回归系数都在 1%的水平上显著，省份回归系数 1 个在 10%的水平上显著，7 个在 1%的水平上显著，显著水平较高。二是从拟合优度看，简单线性回归模型的拟合优度为 0.013 1，对数线性回归模型的拟合优度为 0.182 7。基于这两点理由，我们可以采用对数线性回归模型的结果开展进一步分析。

（三）执法效果评估方法和降成本影响

基于上文模型设定、基本假设和相关统计数据，我们可以采用如下方法测算清理整顿“新居配”对房地产企业成本的影响。

第 k 个省清理整顿“新居配”在第 i 期为房地产企业节省的成本为：

$$C_i^k=(P^k-\overline{P}_i^k)\times S_i^k$$

其中，$\overline{P}_i^k$ 为政策实施期间第 k 个省第 i 期平均市场价格的估计值。

“新居配”政策给的第 k 个省房地产企业带来成本负担为：

$$C_1^k=\sum_{T_1^k<i<T_2^k}(P^k-\overline{P}_i^k)\times S_i^k$$

清理整顿新居配政策后，为第 k 个省房地产企业节省的成本为：

$$C_2^k=\sum_{i>T_2^k}(P^k-\overline{P}_i^k)\times S_i^k$$

采用上述方法，可以估算出清理整顿“新居配”为各省房地产企业节省的成本。根据国家统计局发布和各地房地产协会提供的数据，我们可以了解各地新建住宅面积的数据。根据回归分析的结果和表 8-3 中“新居配”政策实施前后与清理前后供配电设施安装价格的变动情况，我们可以得到剔除时间因素后，各省“新居配”政策对供配电设施安装价格的净影响，进而测算出各地清理整顿“新居配”政策对房地产企业成本的影响。测算结果表明，清理整顿“新居配”政策对部分地区房地产企业降成本的贡献达到 53.53 亿元（见表 8-6）。

表 8-6　14 省份清理整顿“新居配”政策对房地产企业降成本的贡献

省（区、市）	政策提高价格幅度（元/平方米）	政策实施期间住宅竣工面积（万平方米）	对成本的影响（亿元）
安徽	17.98	4 099.21	7.37
福建	10.70	2 398.99	2.57
甘肃	9.64	765.12	0.74
广西	15.39	1 310.52	2.02
贵州	9.31	1 927.37	1.79
湖南	14.90	3 087.42	4.60
辽宁	11.72	2 529.29	2.96
山东	17.73	6 185.56	10.97
山西	16.80	1 574.68	2.65
上海	27.36	1 588.95	4.35
天津	16.52	2 182.99	3.61
新疆	12.20	1 206.44	1.47
云南	14.20	1 896.56	2.69
重庆	18.03	3 185.90	5.74
合计	—	—	53.53

数据来源：课题组测算。

五、启示与建议

事实上，相关问题的根本解决之道是合理划定政府职能，明确安装企业、供配电企业、房地产企业、物业公司和居民等各类市场主体的权利和义务，加强事前竞争倡导，强化事中事后监管，全面落实公平竞争审查制度，建立竞争有序的市场体系，通过培育市场、强化竞争，由市场上最有效率的企业按照合理的价格为相关市场主体提供相应服务。

（一）强化事中事后监管，完善供配电设施质量监督体系

首先要明确政府的职能范围，减少事前对市场主体的干预，要从加强事中事后监管的角度规范市场秩序，提升消费者福利。短期内，通过设置有效的事中事后监管机制，保障供配电设施质量。

一是要构建立体化监管新模式，整合社会资源参与市场监管。一方面，要提升行业协会参与度，发挥行业协会的管理、监督、约束和职业道德建设作用。防止出现由供电企业主导的“一言堂”验收体系，通过多方参与，保证验收的公正性。另一方面，要畅通投诉建议渠道，提高监管效能。探索通过设立微信公众号、微博、微官网、官方 App 等新媒体常用的网络通信工具，实时掌握“新居配”市场中违规违法行为的投诉意见，通过形成政府监督、群众监督和媒体监督的合力，保障供配电设施的质量。

二是建立随机抽查机制，营造公平市场交易环境。重点抽查风险较高、投诉举报多、有严重违法记录的市场主体。通过随机抽取被检查对象、随机选派检查人员的方式，严格限制监管部门自由裁量权。应及时向社会公布抽查及处理结果，与社会信用体系相衔接，建立诚信档案、失信联合惩戒和黑名单制度。通过建设信用体系完善供配电设施的监管体制。

三是利用信息技术打造监管平台。要建立投诉建议数据库，运用数据分析方法梳理突出问题，有针对性地组织专项行动。还要通过信息平台建立实时动态监管机制，借鉴网络化管理模式，动态响应，第一时间发现供配电设施中存在的风险和问题。

(二) 加强竞争倡导，避免以破坏竞争的方法解决发展中的问题

目前全国对于“新居配”政策没有统一的定义和推行模式。因此，要利用竞争倡导的方式，在“新居配”统一政策的制定初期，竞争主管部门主动与相关部门沟通，明确不能以排除、限制竞争的形式简单粗暴地解决“新居配”问题。从竞争角度提出意见，对于潜在的排除、限制竞争行为及时纠正，在合理的制度政策设计和不违背公平竞争市场秩序原则中寻求平衡。

具体做法可以借鉴新加坡的竞争倡导经验，2014 年新加坡竞争委员会主动与交通主管部门就打车软件管理事宜进行沟通，提出让打车软件有利于增加消费者选择、促进市场竞争的意见，促使交通主管部门出台了新的管理规定。国内竞争政策主管部门可以建立与行业主管部门的常设沟通机制。行业主管部门在制定促进行业发展和市场监管的各类政策时，应及时与竞争政策主管部门加强沟通，听取竞争政策主管部门和市场参与者的意见。

(三) 深化垄断行业国企改革，培育相关市场主体的竞争意识

要深刻认识到长期行政性垄断对市场的伤害程度，在政府行政干预和市场竞争机制之间设立“防火墙”，建立防止行政性垄断的长效机制。一是设定法律“防火墙”，进一步凸显反垄断法作为“经济宪法”的权威性，以执法促普法。二是善用政策“防火墙”，要在经济体制和政治体制以及财政体制、人事制度等方面进一步深化改革。多措并举，真正破除垄断行业改革的制度障碍。三是巧用改革“防火墙”，继续深化自然垄断行业改革，持续有效地推进

反行政性垄断。

此外，要合理拆分自然垄断行业的垄断业务和竞争性业务。垄断企业主业与辅业之间的关联交易，不仅扰乱辅业产品市场正常竞争，而且加大了对垄断国企的监管难度，因关联交易产生的高成本将全部由用户承担。目前我国一些行业已提出主、辅分离的方案，但还缺乏具体措施。因此，下一步重点是出台具体措施和明确时间表，加强对政策执行力度的监管，并完善相应的体制机制，推动政策真正落到实处。

（四）深度推进公平竞争审查，从根本上破除行政性垄断

在政策体系上，结合我国实际，把公平竞争审查作为竞争政策的重要支柱。一是在法律框架上，将公平竞争审查尽快正式纳入反垄断法，形成具体的法律条文，形成具有法律约束力的公平竞争审查制度体系。二是政策落实上，认真贯彻落实公平竞争审查实施细则，明确公平竞争审查的内容、程序、方法。加强对各部门、各地区实施公平竞争审查制度的督导。总结公平竞争审查实施的成功经验，并在政策制定过程中推广应用。三是在制度设计上，通过激励机制的设计有效推动竞争政策的可持续发展，把公平竞争审查作为政府绩效考核的一项内容。

在实施路径上，要以评估为依托强化公平竞争的社会监督。首先，将“内部评估”和“外部评估”相结合，要对审查结果开展第三方评估，明确竞争审查的责任认定和惩罚措施等，强化公平竞争审查的实施成效。其次，要注意存量政策的公平竞争审查。要结合产业发展情况，设置一定的过渡期，按照立即清理、设置过渡期、政策到期自动废止等分类方式积极推进存量政策公平竞争审查。再次，对于行业协会等组织的一些隐性行政性垄断行为的规制要上升到制度约束层面。深入贯彻落实国家发展改革委、财政部等五部

门印发的《公平竞争审查制度实施细则（暂行）》（发改价监〔2017〕1849号），遏制行政性垄断行为隐蔽化趋势。最后，要加快制定公平竞争审查的正向行为指南。公平竞争审查标准部分包含了四大项 18 个“不得”的标准，对竞争行为的合法性审查内容较为完整，但以增强公平竞争审查指导性和操作性为宗旨的正向行为指南仍需进一步完善。